JN115119

# 都市災害と
# 文化財保護法制

Les Catastrophes Urbaines et le Droit du
Patrimoine Culturel

久末 弥生 著

HISASUE Yayoi

成 文 堂

# はしがき

　2019年4月15日のパリのノートルダム大聖堂の大火災のニュースは、フランスのみならず世界中の人々に衝撃を与えた。パリという現代を代表する大都市にありながら人々は、13世紀の完成時以来、フランスを象徴してきたノートルダム大聖堂が、夜を通して燃え続けるのを見守るしかなかったのである。大火災から3か月後の2019年7月には、いわゆる「ノートルダム大聖堂保全修復法」が制定され、全フランス国民を挙げての保全・修復活動への取り組みが始まった。現代都市における災害時の文化遺産の保護法制を考える上で、ノートルダム大聖堂の保全・修復に向けてのフランスの新たな挑戦は、日本にも大きな示唆を与えることになるだろう。

　地球規模での気候変動の進行が危惧されて久しい中、地震、台風、豪雨、洪水など自然災害が大規模化する一方なのは、世界の都市が直面する共通の現実である。加えて1990年代からは、人災としてのテロリスト攻撃が、特に大都市圏の安全保障を脅かしている。極端な大規模自然災害とテロリスト攻撃という、2つの新たなタイプの災害リスクに絶えず晒される現代都市において、文化遺産もまた、かつてない規模の破壊や消失の危機にある。過酷な大規模都市災害を乗り越えて、人類として将来の世代に文化遺産を託すことができるのか、現代に生きるわれわれは試されているとも言える。

　1995年1月の阪神・淡路大震災、2011年3月の東日本大震災に続き、2016年4月の熊本地震で熊本城の瓦落下や石垣崩落など文化財が甚大な被害を受けた日本は、2016年8月28日から9月2日に京都で開催された「世界考古学会議第8回京都大会（WAC-8 KYOTO）」

で災害と考古学の関係をテーマとして取り上げ、2019年9月1日から7日に京都で開催された「第25回国際博物館会議京都大会（ICOM KYOTO 2019）」で被災時の博物館を4大テーマの1つに設定するなど、災害時の文化財保護についての検討を意欲的に行ってきた。また、ICOM KYOTO 2019会期中に、防災に向けて連携する「博物館災害対策国際委員会」が発足した。こうした新たな動きの中、2019年10月31日に発生した首里城の火災は、文化財の全焼による消失という現実の問題を、日本に生きるわれわれに問いかけた。世界トップレベルの大都市圏である東京を首都に擁し、豊かな文化財をもつ日本が、都市災害に対して効果的な文化財保護法制を構築することは、喫緊の課題であると共に、1つの羅針盤を世界に示すことになるだろう。

　本書は、文化財保護法研究と都市法研究の分野においてそれぞれ第一人者として知られる椎名慎太郎先生（山梨学院大学名誉教授）と安本典夫先生（大阪学院大学名誉教授）に、敬意と感謝を献げるものである。

　谷川章雄会長をはじめ日本考古学協会の先生方から、文化財保護法制研究への激励を賜った。

　橋本博文会長と川上真紀子副会長をはじめ、文化財保存新潟県協議会の先生方に、文化財保護法制研究の貴重な大会発表の場をいただいた。

　成文堂の篠﨑雄彦氏に、この度も大変お世話になった。

　皆さまに、心から深く、感謝申し上げる。

　2020年1月

久　末　弥　生

＊本書は、著者が「令和元年度大阪市立大学在外研究員（A 項）」として、フランス共和国およびイタリア共和国で行った研究の成果物として刊行されたものである。なお、本書掲載の写真はすべて、著者の撮影による。

# 目　　次

# 第 1 章

## 文化財と災害
### ——日本国内の法的枠組み——

# 1　日本の文化財保護法制と災害の関係

　文化財保護の歴史は、災害との闘いの歴史でもある。古くは火災による焼失や盗難による消失から、近年の地震や水害における被災、汚損や落書きによる損壊まで、自然災害のみならず人災のリスクに絶えず晒される文化財が、歴史的に置かれてきた状況は厳しい。さらに、世界の都市は今、地震や豪雨など自然災害の極端な大規模化と、人災としてのテロリスト攻撃の脅威という、従来の災害とは異なる2つのタイプの災害によって、国土の安全保障が著しく脅かされている点で共通している。都市災害が大規模化、加速化する現代において、文化財を取り巻く災害リスクもまた、厳しさを増していくことは否定できない。

　そもそも日本において、文化財保護法制が本格的に整備される直接の契機となったのは、1949年（昭和24年）1月26日明け方に発生した法隆寺金堂の火災だった。国宝中の国宝とされる法隆寺金堂壁画は、第2次世界大戦中から日本画の大家を動員して模写作業中で、その焼失は戦後復興の一環として「文化国家建設」を目ざしていた日本の文化財関係者に大きな衝撃を与える共に、文化財保護法制定の気運を大いに高め、議員立法による実現につながったのである[1]。このように、火災という古典的な災害への対応の必要性が、日本の文化財保護法制の原動力となっている。

　1950年（昭和25年）5月30日公布、同年8月29日施行の「文化財

---

[1]　椎名慎太郎「文化財保護法2018年改定について」『明日への文化財』第80号7頁、久末弥生『考古学のための法律』（日本評論社、2017年）1頁。

保護法」は、従来の文化財関連法制である1919年（大正 8 年）制定の「史蹟名勝天然記念物保存法」[2]、1929年（昭和 4 年）制定の「国宝保存法」[3]、1933年（昭和 8 年）制定の「重要美術品等保存法」の三法を統合し、これらの法律に規定されていた制度を拡充すると共に、無形文化財や埋蔵文化財という、これまで法律の保護対象とされていなかったものを文化財の範疇に加えた、文化財保護に関する統一法だった[4]。1950年の文化財保護法の制定当初、埋蔵文化財は「埋蔵物たる文化財」と定義され、有形文化財の章の中で「重要文化財以外の有形文化財」として規定されていた。つまり、ものとしての埋蔵文化財が保護対象だったのが、1954年（昭和29年）の大規模な法改正（以下「旧法」という）により埋蔵文化財は独立の 1 章（第 4 章）にまとめられ、保護対象がものとしての埋蔵文化財から、「埋蔵文化財を包蔵する土地」(旧法57条の 2 第 1 項)、「埋蔵文化財を包蔵すると認められる土地」(旧法58条の 2 第 1 項) といった「遺跡」に変わったのである[5]。その後も、1968年（昭和43年）、1975年（昭和50年）、1996年（平成 8 年）、1999年（平成11年）、2004年（平成16年）、2018年（平成30年）に、文化財保護法の大規模改正が行われた[6]。現行の文化財保護法は、定義規定である第 2 条において、文化財を大

---

2　戦前の法律では「記念物」を「紀念物」と表記していたため、厳密には「史蹟名勝天然紀念物保存法」だった。椎名・前掲（注 1 ） 7 頁。なお、「史蹟名勝天然紀念物保存法」の原文資料は、和田勝彦『遺跡保護の制度と行政』（同成社、2015年）390〜391頁などで参照可能である。

3　前身は、日本で最初の文化財関連法制である、1897年（明治30年）制定の「古社寺保存法」である。

4　文化庁監修『文化財保護法五十年史』（ぎょうせい、2001年）29頁。

5　同上・40頁、椎名慎太郎＝稗貫俊文『現代行政法学全集㉕文化・学術法』（ぎょうせい、1986年）102頁。

6　各改正の詳細な内容については、椎名・前掲（注 1 ） 6 〜15頁参照。

きく6つに分ける。すなわち、①有形文化財（「建造物、絵画、彫刻、工芸品、書跡、典籍、古文書その他の有形の文化的所産で我が国にとって歴史上又は芸術上価値の高いもの……並びに考古資料及びその他学術上価値の高い歴史資料」）、②無形文化財（「演劇、音楽、工芸技術その他の無形の文化的所産で我が国にとって歴史上又は芸術上価値の高いもの」）、③民俗文化財（「衣食住、生業、信仰、年中行事等に関する風俗慣習、民俗芸能、民俗技術及びこれらに用いられる衣服、器具、家屋その他の物件で我が国民の生活の推移の理解のため欠くことのできないもの」）、④記念物（「貝づか、古墳、都城跡、城跡、旧宅その他の遺跡で我が国にとって歴史上又は学術上価値の高いもの、庭園、橋梁、峡谷、海浜、山岳その他の名勝地で我が国にとって芸術上又は鑑賞上価値の高いもの並びに動物……、植物……及び地質鉱物……で我が国にとって学術上価値の高いもの」）、⑤文化的景観（「地域における人々の生活又は生業及び当該地域の風土により形成された景観地で我が国民の生活又は生業の理解のため欠くことのできないもの」）、⑥伝統的建造物群（「周囲の環境と一体をなして歴史的風致を形成している伝統的な建造物群で価値の高いもの」）、である。また、文化財保護法2条には規定されていないが、文化財に当然に属するものとして埋蔵文化財があり、記念物（遺跡、名勝地、動植物等に大きく分類できる）のうち遺跡、有形文化財のうち考古資料（考古学上の「遺物」に相当する）などがこれに該当する[7]。つまり、埋蔵文化財も文化財であることに変わりはないが、先の6つとは別に、土地に埋蔵されている文化財として文化財保護法92条において定義されるのである[8]。

7　和田・前掲（注2）7頁、文化財保存全国協議会［編］『文化財保存70年の歴史——明日への文化遺産』（新泉社、2017年）13頁〔小笠原好彦＝勅使河原彰〕。
8　久末・前掲（注1）92頁。

　日本の文化財は、1949年の法隆寺金堂火災以前にも1868年（明治元年）の神祇官再興の布告と神仏分離令の公布を契機とする寺院関連文化財の破壊や散逸[9]、戦後復興期における空前の考古学ブームに伴う濫掘や盗掘[10]などの危機に晒され、戦後は文化財保護法制定と同年の1950年に制定された「国土形成計画法（旧国土総合開発法）」が支える大規模開発事業に伴う遺跡の大量破壊[11]に加えて、1995年（平成7年）の阪神・淡路大震災、2011年（平成23年）の東日本大震災といった未曽有の大震災、頻発する大地震や台風、洪水など[12]に襲われてきた。とりわけ1995年の阪神・淡路大震災を契機に日本国内でも、「地域歴史資料学」[13]や「文化遺産防災学」[14]という新たな学問

---

9　文化財保存全国協議会［編］・前掲（注7）14頁〔小笠原好彦＝勅使河原彰〕。

10　同上・20頁〔小笠原好彦＝勅使河原彰〕。

11　久末・前掲（注1）6頁、94頁。

12　例えば、日本で最初のPFI図書館として知られる2004年（平成6年）開館の桑名市立中央図書館4階には、温湿度管理の整った状態で古文書（秋山文庫、伊藤文庫）や民俗分野資料（堀田文庫）などを収蔵する、「歴史の蔵（郷土資料室）」というガラス張りの収蔵庫がある。「歴史の蔵」の設置は、1959年（昭和34年）の伊勢湾台風によって多くの蔵書を失うと共に、同図書館の前身である桑名市立図書館の閉館を余儀なくされた桑名市民たちの長年の悲願だった。久末弥生『都市計画法の探検』（法律文化社、2016年）112～113頁、119頁注15。

13　「地域歴史資料学」とは、地域歴史遺産となる可能性をもつ地域に残された歴史資料を扱う学問分野である。阪神・淡路大震災以来の大規模自然災害時の歴史資料保存活動に端を発し、科学研究費（S）による研究グループメンバーによって進められている。奥村弘「なぜ地域歴史資料学を提起するのか──大規模災害と歴史学」奥村弘［編］『歴史文化を大災害から守る──地域歴史資料学の構築』（東京大学出版会、2014年）3頁、10頁〔奥村弘〕。

14　「文化遺産防災学」とは、「文化財保存学」と「防災工学」の狭間を扱う分野で、かけがえのない文化遺産を自然災害や獣害、戦争・放火などの人為的災害から防御して、後世に継承していくことを現代人に課せられた責

分野の確立を目ざした意欲的な研究が進んでいる。

　このように、日本の文化財を取り巻く厳しい災害状況を背景に、本書は都市災害時の文化財保護について法学分野から検討を行う。文化財の分類との関係では、従来型の災害（火災、地震、水害、盗難、汚損・落書きなど）が主に有形文化財や埋蔵文化財にダメージを与えるのに対して、極端な大規模自然災害とテロリスト攻撃という2つの新たな災害を特徴とする都市災害においては、有形文化財や埋蔵文化財はもちろん、有形の民俗文化財、記念物、文化的景観、伝統的建造物群といった目に見えるものに加えて、無形文化財や無形の民俗文化財のように必ずしも目に見えないものまで破壊される危険を内包すると考えられる。そこで本書は、先述の文化財の分類（有形文化財、無形文化財、民俗文化財、記念物、文化的景観、伝統的建造物群、埋蔵文化財）のすべてについて、可能な範囲で検討および言及を試みる。

　日本国内で「文化財」と「文化遺産」の用語が併存することについて、例えば、文化財保護のようにものを指す場合には「文化財」が用いられ、世界文化遺産のように文化財の周囲をも含める場合には「文化遺産」が用いられると説明されることがある[15]。また、英語の "cultural property" には「文化財」、"heritage" には「文化遺

---

務であるとして、取り組みを行う学問分野を意味する。2003年以降、立命館大学のプログラムメンバーによって進められている。立命館大学「テキスト文化遺産防災学」刊行委員会『テキスト文化遺産防災学』（学芸出版社、2013年）2頁。なお、初期のプログラムメンバーによる文献として、立命館大学文化遺産防災学「ことはじめ」篇出版委員会『文化遺産防災学「ことはじめ」篇』（アドスリー、2008年）がある。

15　立命館大学「テキスト文化遺産防災学」刊行委員会・前掲（注14）13頁〔土岐憲三〕。

産」「遺産」「ヘリテージ」の訳語が当てられることが多いとした上
で、「文化財」と「遺産」の両用語は重なっているとして、「文化遺
産」を主に用いる見解もある[16]。本書では、1950年の文化財保護法
の制定時に英語の "cultural properties" を「文化財」と和訳した経
緯や[17]、1972年にユネスコ（国際連合教育科学文化機関。United Nations
Educational, Scientific and Cultural Organization: UNESCO）の第17回総会
で採択されて1992年に日本も125番目の締約国として批准した「世
界遺産条約（正式名称：世界の文化遺産及び自然遺産の保護に関する条約。
Convention Concerning the Protection of the World Cultural and Natural Her-
itage)」に基づく世界遺産の3つの分類の訳語、すなわち「文化遺
産（Cultural Property)」「自然遺産（Natural Property)」「複合遺産
(Mixed Property)」などを踏まえて[18]、1950年の文化財保護法をベー
スとする日本の国内法制およびそれとの比較を論じる場合や国際条
約の中で特に「文化財」と和訳されている場合には「文化財」を、
それら以外の国際法制を論じる場合には国際的な用例に従い「文化
遺産」を、それぞれ用いることとしたい。

## 2　被災文化財と現行法制度

　日本国内において文化財の被災に対応しうる法律は、刑法、民
法、行政法という3つの法分野に存在するが、これは文化財訴訟が

16　田中英資『文化遺産はだれのものか——トルコ・アナトリア諸文明の遺物をめぐる所有と保護』（春風社、2017年）10〜12頁。
17　文化財保存全国協議会［編］・前掲（注7）12頁〔小笠原好彦＝勅使河原彰〕。
18　日本ユネスコ協会連盟編『ユネスコ世界遺産年報2006 No.11』（平凡社、2006年）48〜49頁。

刑事訴訟、民事訴訟、行政訴訟に大別されることに対応している。
また、先の文化財の分類のうち、有形文化財と記念物に関しては国
による指定が重要度に応じて二段階になっている。つまり、有形文
化財のうち重要なものを「重要文化財」（文化財保護法27条1項）に、
重要文化財のうち特に価値の高いものを「国宝」（同法同条2項）
に、記念物のうち重要なものを「史跡、名勝又は天然記念物」（同
法109条1項）に、史跡、名勝、天然記念物のうち特に特に重要なも
のを「特別史跡、特別名勝又は特別天然記念物」（同法同条2項）に
それぞれ指定することができ、重点保護が図られている[19]。重要文
化財の修理については、文化財保護法34条の2から同法43条が規定
するところ、具体的な修理手法としては、伝統工法による「根本修
理」、「部分修理」、「屋根葺替」、「塗装修理」があり、さらに根本修
理には「解体修理」と「半解体修理」がある。根本修理は約100年
ごとに必要であると見られており、その間にも屋根葺替や部分的な
破損に対する修理のように維持的な部分修理が、それぞれの材料の
耐用年限（芽、檜皮、瓦などの屋根葺替は約35年ごと、漆、彩色などの塗装
修理は約40年ごと）に応じて必要となる。その他、1995年1月の阪
神・淡路大震災のような大規模災害に対する復旧工事、長期間にわ
たる多額の経費を擁する建造物の修理のために一般の修理事業と区
別して扱われる特殊事業（例えば、日光二社一寺すなわち東照宮、二荒山
神社、輪王寺のいわゆる「昭和の大修理（昭和25年度～平成18年度）」および
「平成の大修理（平成19年度～現在）」など）もある[20]。文化財保護法41条

19　二段階指定は、1950年の文化財保護法によって初めて取り入れられた指
　　定方式である。中村賢二郎『わかりやすい文化財保護制度の解説』（ぎょ
　　うせい、2007年）7頁、13頁。
20　同上・77〜78頁。

および同法52条は、特別法の定めによる損害賠償規定として国宝および重要文化財の国家賠償を扱うが[21]、重要文化財以外の有形文化財を対象にしておらず、現代の都市災害も想定していない。自然災害における被災を想定した規定としては、例えば文化財保護法136条や同法140条が挙げられるが[22]、「重要文化的景観」（同法134条 1 項）以外の文化的景観は対象外で、都市災害も想定していない点で、やはり限界がある。なお、指定、未指定に関係なく、有形文化財全般を「政府及び地方公共団体は……その保存が適切に行われるよう……努めなければならない。」（同法 3 条 1 項）のであって、文化行政として関与できる文化財は指定品であり、未指定品には関与できないというわけではない点に注意が必要である[23]。大規模自然災害における被災文化財を扱う法律としては、1961年（昭和36年）の「災害対策基本法」と1962年（昭和37年）の「激甚災害に対処するための特別の財政援助等に関する法律（通称は激甚災害法）」がある。激甚災害指定には、全国レベルの「激甚災害指定基準」を満たす通称「本激」と、市町村レベルの「局地激甚災害指定基準」を満たす通称「局激」の 2 種類があり、激甚災害指定後は、被災記録の作成、公立社会教育施設（公立の博物館・美術館が含まれる）の災害復旧補助事業、国庫補助（建物、敷地内に設置されている建物以外の工作物、施設の敷地、備品など）、復旧事業（現状復旧が原則だが、建物が全壊あるいは半壊

---

21　根木昭『文化行政法の展開──文化政策の一般法原理』（水曜社、2005年）233頁。

22　文化財保護法研究会編著『最新改正　文化財保護法』（ぎょうせい、2006年）94〜95頁。

23　日髙真吾「生活文化の記憶を取り戻す──文化財レスキューの現場から」木部暢子［編］『災害に学ぶ──文化資源の保全と再生』（勉誠出版、2015年）188頁。

の場合の代替復旧、文化財の代替購入なども可能）が進められることにな
る[24]。また、地震対策については1978年（昭和53年）の「大規模地震
対策特別措置法」や1995年（平成7年）の「地震防災対策特別措置
法」、防災一般については1947年（昭和22年）の「災害救助法」、
2013年（平成25年）の「大規模災害復興法」などもあるが、これら
の法の下では、文化財のようなものの救出よりも人命救助やライフ
ライン復旧が優先されることは想像に難くないだろう。

　以上のような行政法分野の規定の他にも、例えば、古典的な人災
である盗掘については刑法上の規定が有効に働く。つまり、盗掘行
為は文化財保護法93条に違反するが同法には罰則規定がないため、
占有離脱物横領罪についての刑法254条を適用することが、現行法
制度上は最も効果的と考えられており、適用事例もいくつか存在す
る[25]。墳墓発掘について刑法189条が「二年以下の懲役に処する。」
旨を明言していることを踏まえると、文化財の分類のうち特に埋蔵
文化財に関しては、罰則規定の強化を検討する余地はあるだろ
う[26]。また、大規模自然災害時に被災する品々のうち数量も種類も
多いのは民俗資料と呼ばれるものだが、その中には文化財保護法上
の有形の民俗文化財、さらには「重要有形民俗文化財」（文化財保護
法78条1項）の指定品と同程度の価値をもつものが含まれている可
能性が十分にある[27]。指定、未指定に関係なく、有形文化財全般を

---

24　森田稔＝内田俊秀「行政組織の災害対応」動産文化財救出マニュアル編
　集委員会編『動産文化財救出マニュアル——思い出の品から美術工芸品ま
　で』（クバプロ、2012年）24～26頁。
25　和田勝彦「文化財保護制度概説」児玉幸多＝仲野浩［編］『文化財保護
　の実務（上）』（柏書房、1979年）180頁。
26　椎名＝稗貫・前掲（注5）126頁。
27　内田俊秀「民家の土蔵などから救出される日常生活用品および文化財と

「政府及び地方公共団体は……その保存が適切に行われるよう……努めなければならない。」(同法3条1項)ことは先述したが、未指定の民俗資料は一般的な動産として、民法規定などが適用されるにとどまるのが現実である。

このように、文化財の被災に対応しうる日本の現行法制度を概観すると、大きく2つの方向から法制度を補う必要があると考えられる。まず、文化財の分類のうち、有形文化財、埋蔵文化財、有形の民俗文化財、記念物、文化的景観、伝統的建造物群といった目に見えるものの被災を想定した従来の災害対応を、無形文化財や無形の民俗文化財のように必ずしも目に見えないものの被災を明確に含む内容にアップデートする必要がある。なお、文化財保護行政の現場では、大規模自然災害とりわけ水害に先立って、民俗資料の中に有形の民俗文化財が含まれていないかを早期に確認しておくメリットは大きいと思われる。次に、古典的な災害を想定した従来の災害対応では被災文化財の救出が難しいことを認識し、極端な大規模自然災害とテロリスト攻撃という2つの新たな災害を特徴とする都市災害への組織的な対応を構築する必要がある。特にテロリスト攻撃については、目に見える文化財がまさに標的になるだけでなく、目に見えない文化財も被災のかたちによっては、文化自体の消失のような中長期的なダメージを受けることに留意すべきである。大規模化と加速化が進む一方の都市災害に対しては、事前の十分な災害準備はもちろん、事後の迅速な災害対応が求められる。文化財保護との関係においても、特に事後対応としての被災文化財の救出法制度を

その取扱い」動産文化財救出マニュアル編集委員会編『動産文化財救出マニュアル――思い出の品から美術工芸品まで』(クバプロ、2012年)15頁。

早急に整える必要があるだろう。

## 3　2018年の文化財保護法改正と都市災害対策

　「文化財保護法及び地方教育行政の組織及び運営に関する法律の一部を改正する法律案」が2018年（平成30年）6月8日公布、2019年（平成31年）4月1日施行され、文化財保護法が改正された。この2018年改正の趣旨は、「過疎化・少子高齢化などを背景に、文化財の滅失や散逸等の防止が緊急の課題であり、未指定を含めた文化財をまちづくりに活かしつつ、地域社会総がかりで、その継承に取組んでいくことが必要。このため、地域における文化財の計画的な保存・活用の促進や、地方文化財保護行政の推進力の強化を図る。」ことであり、具体的には、(1)地域における文化財の総合的な保存・活用（文化財保護法183条の2第1項、183条の3第1項・第3項、183条の9、183条の5、184条の2、192条の2、192条の3など）、(2)個々の文化財の確実な継承に向けた保存活用制度の見直し（同法53条の2第1項、53条の4、31条2項など）、(3)地方における文化財保護行政に係る制度の見直し（同法190条2項、191条1項）、(4)罰則の見直し（同法195条1項など）、(5)教育委員会の所管とされている文化財保護の事務を条例により地方公共団体の長に移管するのを認めること（地方教育行政の組織及び運営に関する法律23条1項）、などを概要とする[28]。

　2018年の文化財保護法改正に対しては、文化財の活用による観光需要掘り起こしと地域経済活性化に目的が絞られているように見え

---

28　文化庁「文化財保護法改正の概要について」（平成30年7月、資料3）1～2頁。http://www.bunka.go.jp/seisaku/bunkashingikai/bunkazai/kikaku/h30/01/pdf/r1407909_03.pdf（最終閲覧日2019年8月20日）。

る[29]、あるいは改正の恩恵を持続させる担保として「観光と文化財保護の均衡的な発展」が大切であるといった[30]、懸念や指摘が多く指摘されている。また、文化財が健全な状態にあってこそ活用できるのだから、文化財修理に向けた今後の取り組みにはこれまで以上のものが求められるという意見もある[31]。もっとも、都市災害対策という観点からは、前進と見られる点が少なくないのが2018年改正である。日本国内の文化財防災政策は従来、指定文化財建造物の大部分が木造建築であることを前提に、火災被害防止対策を文化財修理と並ぶ柱に位置づけてきた。つまり、「自動火災報知設備」、「消化設備」、「避雷設備」という3つの防災設備を備えた防災を「総合防災」と称すると共に、長期間にわたる大規模な防災事業を「特殊防災」（昭和53年度から昭和60年度までの法隆寺、昭和56年度から平成元年度までの延暦寺など）と称してきた[32]。これに対して、2018年改正が先の概要のうち(1)との関係で、市町村が国の登録文化財とすべき物件を提案できることとし、未指定文化財の確実な継承を推進しているのは（文化財保護法183条の5）、現代の都市災害において未指定の有形文化財や有形民俗文化財が被災する例（破損、虫食い、塩害、さびなど）が顕著であることを意識したものと思われる。また、概要(2)の中で、所有者に代わり文化財の保存活用を担う主体を位置づけているのも（同法31条2項）、近年の大規模自然災害における高齢者の被災などが背景にある。さらに、概要(5)については、被災文化財の救

29　椎名・前掲（注1）12頁。

30　杉本宏「文化財保護法の改定と市町村」『明日への文化財』第80号24頁。

31　三輪嘉六「文化財の修理」住友財団／東京国立博物館編集『住友財団修復助成30年記念特別企画「文化財よ、永遠に」』（住友財団／東京国立博物館、2019年）19頁。

32　中村・前掲（注19）79頁。

出の面で、トップダウンによる迅速な災害対応を期待できる。

　実際、2018年改正の新設規定に関しては、「文化財保存活用大綱」（同法183条の2）に盛り込まれうる事項として「複数市町村にまたがる広域的な連携方策（防災、観光、教育など）」[33]、先行的な取り組みの効果として「県レベルの指針を定めることで、文化財類型ごとや、防災・普及啓発・人材育成など事業内容ごとに県全体の取組の方向性が明確となり、市町村との連携が円滑に」[34]、また「文化財保存活用地域計画」（同法183条の3）の記載事項の例として「調査の実施や防災・防犯対策」「教育・景観まちづくり・地域振興・観光・地域防災など文化財と関連の深い分野との連携」「災害発生時の対応方針」[35]、さらに個別の文化財の保存活用計画（同法53条の2）の計画記載事項のイメージとして重要文化財（建造物）の「防災の方針・計画」、重要文化財（美術工芸品）の「日常管理の状況（防災・防犯対策）」、重要有形民俗文化財の「防災・防犯」、重要無形民俗文化財の「防災・防犯」など[36]、防災に関して多くの言及がなされている。現代の都市災害を想定した文化財保護法制のアップデートと、特に被災文化財の救出法制度の構築が急務であることは先述のとおりだが、2018年改正にその萌芽を見いだすことも可能だろう。

---

33　文化庁・前掲（注28）8頁。
34　同上・9頁。
35　同上・13頁。
36　同上・22〜23頁。

# 第 2 章

# 文化遺産と現代都市の共存
—— 国際法制の動向 ——

# 1　紛争と危機遺産
## ——バーミヤン遺跡破壊とアフガニスタン流出文化財

　世界遺産は、危機遺産から始まったと言われる。1972年の世界遺
産条約を生み出す契機になったのは、1960年にエジプトのナイル川
で着工したアスワン・ハイ・ダム（Aswan High Dam）の建設工事に
伴う、流域のヌビアの遺跡群[1]の水没の危機に対して、ユネスコが
経済開発と遺産保護の両立という難題に取り組むために、ヌビアの
遺跡群救済キャンペーンを1964年から各国に呼びかけて、スエズ運
河の国有化で対立していた英仏両国を含む世界50か国の協力によっ
て、1968年に救済されたという出来事だった[2]。先述の世界遺産の
分類（文化遺産、自然遺産、複合遺産）とは別に、「危機遺産（正式名
称：危機にさらされている世界遺産。World Heritage in Danger）」は、世界
遺産登録物件のうち、世界遺産としての価値が重大かつ明らかな危
機に直面している物件で、「危機にさらされている世界遺産リスト
（通称は危機遺産リスト）」に記載されたものをいう[3]。世界遺産が直面

---

1　「アブ・シンベルからフィラエまでのヌビア遺跡群（Nubian Monuments
　from Abu Simbel to Philae）」として、1979年に世界文化遺産に登録され
　た。
2　河巴厚徳「世界遺産は危機遺産から始まった」NHK「世界遺産」プロ
　ジェクト編『危機遺産からのSOS——歴史の爪あと、人類の愚かさ——』
　（日本放送出版協会、2006年）2～3頁、NPO法人世界遺産アカデミー監
　修／世界遺産検定事務局著『きほんを学ぶ世界遺産100——世界遺産検定
　3級公式テキスト』（NPO法人世界遺産アカデミー／世界遺産検定事務
　局、2019年）13～14頁、80頁。
3　今では失われてしまった世界の偉大な建築物を「消滅遺産」と称する文
　献もある。武力や自然災害だけでなく、都市計画によって失われたものも
　あり、多くはユネスコの世界遺産に登録されているが、国や地域によって

する危機には、地震や津波などの自然災害、密漁や外来種による生態系の悪化、宗教対立や民族紛争、戦争などに加えて、近年は砂漠化、過度の観光化や都市開発による生態系の変化、環境悪化、景観悪化なども指摘されており、危機遺産リストに記載された文化遺産や自然遺産から、地域や国の社会的事情を垣間見ることができる。武力紛争、自然災害、大規模工事、都市開発、観光開発、商業的密漁などによって重大な危機に晒されている世界遺産が危機遺産リストに記載されると、当該遺産をもつ国は適切な保全計画の策定・実行や、危機を脱した後も状況調査を求められるが、それらのために世界遺産基金（World Heritage Fund）や世界遺産センターなどに国際的な資金援助や人材支援を要請することができる。危機を脱したと世界遺産委員会が判断すれば危機遺産リストから外される一方、世界遺産としての普遍的価値が損なわれたと同委員会が判断すれば世界遺産リストから削除される、つまり世界遺産登録自体を抹消されることもある[4]。

　世界遺産の危機を私たちに強烈に印象づけたのは、タリバン政権による2001年3月10日前後におけるバーミヤン遺跡の大仏爆破事件だった[5]。同年9月11日のアメリカ同時多発テロ事件を受けて、ア

---

はそうでない場所もある、と説明されている。バーミヤン遺跡も消滅遺産に含まれる。ナショナルジオグラフィック編／安倍雅史監修『消滅遺産——もう見られない世界の偉大な建造物』（日経ナショナルジオグラフィック社、2018年）4～5頁。

4　NPO法人世界遺産アカデミー監修／世界遺産検定事務局著・前掲（注2）148～149頁、西山要一「ユネスコの世界文化遺産」奈良大学文学部世界遺産を考える会［編］『世界遺産学を学ぶ人のために』（世界思想社、2000年）7頁、日本ユネスコ協会連盟編『ユネスコ世界遺産年報2006 No.11』（平凡社、2006年）50頁。

5　タリバン政権による破壊手法は、迫撃砲、ダイナマイト、対空兵器、ロ

メリカがアルカイダやアフガニスタンのタリバン政権に対して「テロとのグローバル戦争（global war on terrorism: GWOT）」を開始し、同年11月にタリバン政権は崩壊し、1978年以来続いてきた紛争は終結したが、破壊された2体の大仏は破片のままとなった[6]。バーミヤン遺跡をめぐる法的問題としては、大きく2つが考えられる。まず、大仏の修復を含めて、破壊されたバーミヤン遺跡の保護問題、次に、20年以上に及ぶアフガニスタン紛争の混乱の中で流出した文化財の保護問題である。

　そもそもアフガニスタン（正式名称：アフガニスタン・イスラム共和国）に仏教が広まったのは紀元前3世紀中頃のこととされ、紀元前2世紀以降に仏像が作られるようになったと言われる[7]。バーミヤン渓谷では、1世紀からバクトリアによって仏教寺院が開削され始め、13世紀頃にかけて築かれた約1,000の石窟遺跡が発見されている。その中でもバーミヤン遺跡の象徴とされているのが、6～7世紀（4～5世紀とする見解もある）に建造されたと伝えられる2体の巨大な摩崖仏（まがいぶつ）で、高さ55メートルの西大仏（現地名称は父を意味するパーダル）と高さ38メートルの東大仏（現地名称は母を意味するマーダル）が安置されている仏がん（仏像や位牌などを安置する厨子）の壁には壁画も残されている。この地域がイスラム教徒の支配下に入ると仏教徒は迫害され、大仏の顔や腕、足は削り取られていっ

---

ケット弾に及んだ。クラウディオ・マルゴッティーニ「バーミヤン遺跡における大仏龕の保存と補強について」山内和也＝青木繁夫責任編集『バーミヤーン遺跡の歴史と保存――国際シンポジウム「世界遺産バーミヤーン遺跡を守る」（アフガニスタン文化遺産調査資料集第1巻）』（明石書店、2005年）56頁。

6　NHK「世界遺産」プロジェクト編・前掲（注2）16頁。
7　ナショナルジオグラフィック編／安倍雅史監修・前掲（注3）52頁。

た。さらに、1998年までにバーミヤンを占領したタリバン政権が[8]、イスラムの偶像崇拝禁止に反しているとして2001年2月26日に大仏の破壊を発表し、同年3月10日前後に大仏爆破が決行されたのである。この爆破によって、2体の大仏は完全に破壊されたほか、石窟内の壁画も約8割が失われたとされる。内戦による爆破での仏がん崩壊の危惧、壁画の劣化、略奪や盗掘を主たる理由に、「バーミヤン渓谷の文化的景観と古代遺跡群（Cultural Landscape and Archaeological Remains of the Bamiyan Valley)」が世界遺産と同時に危機遺産に緊急登録された2003年以降、修復作業が進められている[9]。

　先述の2つの法的問題のうち、バーミヤン遺跡の保護問題については、20年以上に及ぶ内戦と不安定な政治状態の中でアフガニスタンの文化遺産全体が取り返しのつかない破壊・損失という被害を受けたことを背景に、アフガニスタンにおけるあらゆる分野の文化遺産（博物館、記念建造物、考古遺跡、音楽、芸術、伝統工芸などを含む、有形・無形両方の文化遺産）を保護することが、文化的アイデンティティと国家安全保障の強化という点で特に重要であるとして[10]、ユ

---

8　タリバンがアフガニスタンを事実上支配するようになった1994年には、内戦で大きな被害を受けたアフガニスタンの文化財の状況を憂慮して、国連やユネスコ関係者がパキスタンのイスラマバードで会議を開催し、そこでの決議を受けて「アフガニスタン文化財保存協会（SPACH)」が設立され、戦中の文化財を保護する活動が開始された。井上隆史＝NHK取材班『アフガニスタン　さまよえる国宝（NHKスペシャルセレクション)』（NHK出版、2003年）64頁。

9　同上・52頁、NHK「世界遺産」プロジェクト編・前掲（注2）7〜8頁、120頁、NPO法人世界遺産アカデミー監修／世界遺産検定事務局著・前掲（注2）149〜150頁。

10　クリスティアン・マンハート「ユネスコのバーミヤーン遺跡保存に対する取り組み」山内和也＝青木繁夫責任編集『バーミヤーン遺跡の歴史と保存——国際シンポジウム「世界遺産バーミヤーン遺跡を守る」（アフガニ

ネスコ主導で検討が進められてきた。2002年5月にアフガニスタン
の首都カーブル（Kabul）[11]で、ユネスコとアフガニスタン情報文化
省（Ministry of Information and Culture of Afghanistan）共催の「アフ
ガニスタン文化遺産復興国際セミナー（International Seminar on the Re-
habilitation of Afghanistan's Cultural Heritage. 以下「2002年のセミナー」とい
う）」が開催され、同年10月の第165回ユネスコ執行部会議で「国際
調整委員会（International Coordination Committee）」の創設が承認さ
れ、2003年6月には同委員会の第1回総会がユネスコ本部で開催さ
れた。同総会で採択された勧告によると同委員会は、アフガニスタ
ンの文化遺産保護を最も高度な国際的保護水準まで高める活動のた
め、効果的な調整を行うことが認められている。バーミヤン遺跡の
保護との関係では、2002年のセミナーの席上で、日本政府がバーミ
ヤン遺跡の保護のためにユネスコを通じて資金提供する意思を表明
したことを契機に、日本はバーミヤン遺跡の保護活動に積極的に取
り組んでいる。日本国内では、文化庁主催の「アフガニスタン等文
化財国際協力会議」が設置されたほか、2002年10月にバーミヤンに
派遣された日本・ユネスコ合同ミッションを端緒とする「ユネスコ
文化遺産保存日本信託基金（UNESCO/Japan Funds-in-Trust for Preser-
vation of World Cultural Heritages）」によって示されたバーミヤン遺跡
保護のための3つの柱すなわち、①壁画の保存、②予備的マスター
プラン（Preliminary Master Plan）の作成、③両大仏の仏がんと崖お
よび残存物の補強、のうち①と②に参画することになった[12]。な

お、バーミヤン遺跡の保護について2002年のセミナーでは、破壊後の状況のまま保護するのか、あるいは破壊される以前の状況へ「復原」するのか、2つの方向性が議論されたが、復原は原則として可能ではあるが確固たる学術的根拠が求められるとする1972年の世界遺産条約の内容を踏まえて、当面は大仏の破片の保存を継続することとされた[13]。もっとも、大仏の破片には巨大なものが含まれており[14]、出土品の保管場所確保の苦労という点では[15]、各国の文化遺産と共通の状況にある。

　アフガニスタン流出文化財の保護問題については、日本が問題解決に向けて大きく貢献している。20年以上の戦乱中にアフガニスタンでは、バーミヤン遺跡（大仏、壁画など）の破壊にとどまらず、遺跡の略奪や盗掘が横行し、博物館からは数多くの貴重な文化財が散逸した。アフガニスタン国外に流出し[16]、日本にも一部が持ち込ま

---

対する日本の貢献——独立行政法人文化財研究所の活動——」山内和也＝青木繁夫責任編集『バーミヤーン遺跡の歴史と保存——国際シンポジウム「世界遺産バーミヤーン遺跡を守る」（アフガニスタン文化遺産調査資料集第1巻）』（明石書店、2005年）72頁。

13　マイケル・ペツェット「イコモスによる大仏の破片の保存について」山内和也＝青木繁夫責任編集『バーミヤーン遺跡の歴史と保存——国際シンポジウム「世界遺産バーミヤーン遺跡を守る」（アフガニスタン文化遺産調査資料集第1巻）』（明石書店、2005年）87頁。

14　マンハート・前掲（注10）50頁。破片とは言え、直径は2メートル以上に及ぶ。NHK「世界遺産」プロジェクト編・前掲（注2）21頁。

15　出土文化財の蓄積と廃棄をめぐる問題については、久末弥生『考古学のための法律』（日本評論社、2017年）25〜27頁参照。

16　アフガニスタンの文化財持ち出しの中継地点になっているパキスタンは、文化財不法輸出入等禁止条約の批准国であるため政府が取締りを強めており、国境に近いペシャワールの考古局には押収された文化財が毎日のように届けられている。難民が荷物に紛れ込ませて運んでイスラマバードのマーケットに持ち込む、ドバイが古美術品ロンダリングの場になっているなど、さまざまな問題が指摘されている。井上隆史＝NHK取材班・前

れたこれらの流出文化財を、「文化財難民」として位置づけて日本
で一時的に保護する活動がユネスコ親善大使の平山郁夫（1930～
2009）画伯によって提唱され[17]、2001年10月1日には新設の「流出
文化財保護日本委員会」が、同委員会規約である「流出文化財の保
護保全に関する規約」の下でユネスコ委嘱事業として流出文化財
（文化財難民）の保護受け入れを開始した[18]。他方、日本政府が2002
年に「文化財の不法な輸入、輸出及び所有権移転を禁止し及び防止
する手段に関する条約（Convention on the Means of Prohibiting and Pre-
venting the Illicit Import, Export and Transfer of Cultural Property. 略称は文
化財不法輸出入等禁止条約）」[19]を批准し、アフガニスタンでは2004年12
月にカルザイ（Hāmid Karzai, 1957-）を初代大統領とするアフガニス
タン・イスラム共和国が成立したため、流出文化財保護日本委員会
は自らの役目を終えたとして新規の保護受け入れを中止した。2005

---

掲（注8）114頁、118頁、125頁。

17　平山画伯自身によって、「自分の体験や信念に駆りたてられて、私は、
『文化財赤十字構想（精神）』を提唱してきました。この精神は、文化財だ
けでなく、こうした文化財とともに生きる人々の命（生活）を守る決意を
表すものです。」と説明されている。同上・81頁。なお、平山画伯の文化
財赤十字構想は、まさに後のブルーシールド（本書第3章2参照）と言っ
てよいとの指摘がある。高橋暁「ユネスコ・ブルーシールドの取り組みと
日本の課題」国立文化財機構編集・発行『文化遺産防災国際シンポジウム
報告書　文化遺産を大災害からどう守るか：ブルーシールドの可能性』
（2017年）12頁。

18　山内和也責任編集『アフガニスタン流出文化財の調査──バーミヤーン
仏教壁画の材料と技法（アフガニスタン文化遺産調査資料集第3巻）』（明
石書店、2006年）22頁。「流出文化財の保護保全に関する規約」の詳細
は、同書26頁註1参照。

19　文化財不法輸出入等禁止条約（全26条）の和訳文は、外務省HPから参
照可能である。https://www.mofa.go.jp/mofaj/gaiko/treaty/
treaty_020414.html（最終閲覧日2019年9月29日）。なお、同条約自体は
1970年のユネスコ第16回総会で採択され、1972年に発効した。

年6月時点で流出文化財保護日本委員会が保護するアフガニスタン流出文化財は計99点に及び、そのうち41点がバーミヤン遺跡の仏教壁画片とされること[20]、先述のバーミヤン遺跡保護のための3つの柱のうち、①壁画の保存事業への参画などを併せ考慮すると、特にバーミヤン遺跡の壁画の保護活動において日本が非常に大きな役割を果たしていることを理解できるだろう。

　流出文化財の保護問題は、持ち出し文化財の返還、つまり盗難や売買など何らの事情により本来あった場所から移動した文化財に対して、それらのものが本来あった場所にあるのが自然であるという考え方に基づいてその返還を求めること[21]にも、つながっていく。持ち出し文化財の返還について、1970年の文化財不法輸出入等禁止条約は次のように規定する。

### ● 文化財不法輸出入等禁止条約

　（第7条および第15条の和訳は外務省による。なお、傍点は著者による。）

### 第7条

　締約国は、次のことを約束する。

　(a)自国の領域内に所在する博物館その他これに類する施設が他の締約国を原産国とする文化財であってこの条約が関係国について効力を生じた後に不法に輸出されたものを取得することを防止するため、国内法に従って必要な措置をとること。この条約がこれらの国について効力を生じた後に当該文化財の原産国である締約国から不

---

20　山内・前掲（注18）22〜23頁。

21　端的には、文化遺産の「所有」と「保存されるべき場所」の2つが争点になっている。田中英資『文化遺産はだれのものか——トルコ・アナトリア諸文明の遺物をめぐる所有と保護』（春風社、2017年）133頁。

法に持ち出された文化財の提供の申出があった場合には、当該原産
国に対し、できる限りその旨を通報すること。

(b)(i) 他の締約国の領域内に所在する博物館、公共の記念工作物
（宗教的なものであるかないかを問わない。）その他これらに類する施設
からこの条約が関係国について効力を生じた後に盗取された文化財
（当該施設の所蔵品目録に属することが証明されたものに限る。）の輸入
を禁止すること。

(ii) 原産国である締約国が要請する場合には、(i)に規定する文化財
であってこの条約が関係国について効力を生じた後に輸入されたも
のを回復及び返還するため適当な措置をとること。ただし、要請
を行う締約国が当該文化財の善意の購入者又は当該文化財に対して
正当な権原を有する者に対し適正な補償金を支払うことを条件とす
る。回復及び返還の要請は、外交機関を通じて行う。要請を行う締
約国は、回復及び返還についての権利を確立するために必要な書類
その他の証拠資料を自国の負担で提出する。締約国は、この条の規
定に従って返還される文化財に対し関税その他の課徴金を課しては
ならない。文化財の返還及び引渡しに係るすべての経費は、要請を
行う締約国が負担する。

**第15条**

　この条約のいかなる規定も、この条約が関係国について効力を生
ずる前にその理由のいかんを問わず原産国の領域から持ち出された
文化財の返還に関し、締約国の間で特別の協定を締結すること又は
既に締結した協定の実施を継続することを妨げるものではない。

　このように、文化財不法輸出入等禁止条約は、持ち出し文化財の
返還を明文で認めるが、同条約が発効した1972年以降かつ締約国を
対象にする点で限界がある。実際、アジア、アフリカ、南米などの
旧植民地の国々が、欧米の博物館や個人コレクターに対して持ち出

し文化財の返還を求める例は後を絶たないが、返還の実現例はきわ
めて少ない。メトロポリタン美術館、ルーヴル美術館、プラド美術
館など欧米の主要な18の博物館は、「普遍的な博物館の重要性と価
値に関する宣言（Declaration on the Importance and Value of Universal
Museums）」の中で、博物館は特定の国民・民族集団ではなく、全
人類に対して人類の遺産を展示する場であるとして、返還要求を拒
絶する姿勢を示している[22]。他方、2018年11月にはフランスのマク
ロン大統領（Emmanuel Jean-Michel Frédéric Macron, 1977-）が、かつ
てのフランス植民地である西アフリカのベナン共和国との間で、従
来のフランス政府方針を覆して、19世紀末の持ち出し文化財26点を
返還することで合意した旨の報道がなされた[23]。持ち出し文化財の
返還を実現するには、2010年10月の生物多様性条約第10回締約国会
議（COP10）で採択され、2017年8月に日本でも発効した「名古屋
議定書（正式名称：生物の多様性に関する条約の遺伝資源の取得の機会及び
その利用から生ずる利益の公正かつ衡平な配分に関する名古屋議定書）」が扱
う、いわゆる「ABS（正式名称：遺伝資源の取得の機会及びその利用から
生ずる利益の公正かつ衡平な配分。Access and Benefit-Sharing）」にも似
た、多国間での調整が不可欠だろう。ともあれ、持ち出し文化財の
返還問題の背景に、災害に伴う流出文化財の問題が潜在する例は多
く、災害時の文化遺産保護の実現こそが両問題の根本的解決に向け

---

22　持ち出し文化財の返還問題の背景に、「文化民族主義」すなわち文化遺
　産にはそれぞれの民族の特性が具体的に表現されており、それが帰属する
　集団のアイデンティティとは不可分であるため、そうしたものは特定の国
　民・民族集団に帰属するとみなす捉え方と、「文化国際主義」すなわち文
　化に対して誰もが権利をもつとする考え方の対立があることも指摘されて
　いる。同上・197〜200頁。
23　日本経済新聞2019年8月21日付夕刊。

て求められていると言える。

## 2　モン・サン・ミッシェル湾環境整備事業
### ——文化遺産保護と自然環境保護の関係

　1979年にユネスコ世界文化遺産に登録されたモン・サン・ミッシェル（Mont-Saint-Michel）は、708年にアヴランシュの司教オベールが夢で大天使ミカエル（フランス語でサン・ミッシェル）のお告げを聞き、それに従って当時は陸続きだった岩山に最初の教会を建立したところ、岩山が津波に襲われて一夜で海に浮かぶ孤島になったという伝説以来、世界で最も多くの観光客が訪れるカトリック聖地である。特に、966年に建設が始まったベネディクト会修道院（通称はモン・サン・ミッシェル修道院）は、数世紀にわたる増改築によってノルマンディー・ロマネスク建築やゴシック建築など中世のさまざまな建築様式が混在しており人気が高い。2007年に「モン・サン・ミッシェルとその湾（Mont-Saint-Michel and its Bay）」[24]として範囲変更されたユネスコ世界文化遺産のモン・サン・ミッシェルは[25]、14世紀から15世紀にかけての百年戦争（1337-1453）ではフランス軍の要塞として、16世紀の宗教戦争（1562-1598、別名はユグノー戦争）では

---

24　ユネスコ世界文化遺産としての「モン・サン・ミッシェルとその湾」を扱った映像資料として、TBS『世界遺産　フランス編　パリのセーヌ河岸／モン・サン・ミシェルとその湾』（アニプレックス、2008年）がある。

25　範囲変更したユネスコの狙いは、建築物を周囲の環境から切り離さずに扱うことだった。ジャン＝クロード・ルフーヴル、エリック・フントゥン、アラン・ラデュロー「モンの生態環境」ジャン＝ポール・ブリゲリ著／池上俊一監修／岩澤雅利訳『モン・サン・ミシェル——奇跡の巡礼地』（「知の再発見」双書158、創元社、2013年）157頁。

カトリック軍の要塞として、18世紀末のフランス革命（1789-1799）時の破壊・略奪でベネディクト修道会が散会以後は1863年まで監獄として使われる一方[26]、古くから巡礼ブームによって巡礼者が殺到するなど、数世紀にわたって酷使されてきた。1874年に歴史的建造物（後の歴史記念物）に指定されたモン・サン・ミッシェル修道院は大規模な修復工事の対象となり、それ以降、修道院を含むモン・サン・ミッシェルの修復は、現代まで中断されることなく続いている[27]。

　潮の干満差が激しいモン・サン・ミッシェルは、大潮時には完全に水に囲まれ孤島となることに加えて、洪水にたびたび襲われるため、かつての巡礼はまさに命がけだった。しかし、干拓地の造成、堤防路の建設、排水門をもつダムの建設など、数世紀にわたり人の手が加わるにつれて少しずつ海は後退し、プレ・サレ（prés salés. 塩生湿地）が拡大した。プレ・サレの総面積はおよそ40平方キロメートルに及び、フランス最大の塩生湿地であると共に、全体として年に20〜30ヘクタールの規模で拡大していた[28]。さらに、城壁の脚部分に広がる15ヘクタールの駐車場が、50年以上前から海辺の景観を歪めていた。国際的な専門家たちの意見は、「もしこのまま何も取りかからなければ、2040年頃には、モン・サン・ミッシェルは取り返しのつかないほど砂で埋まり、プレ・サレに囲まれてしまうだろう」というはっきりしたものだった。こうした変化は、聖地の精神

---

26　NPO法人世界遺産アカデミー監修／世界遺産検定事務局著・前掲（注2）57頁。

27　Centre des monuments nationaux 公式リーフレット「モン・サン・ミッシェル修道院」（2020年版）。

28　ルフーヴル、フントゥン、ラデュロー・前掲（注25）158頁。

を不可逆的に一変させてしまう。そこで、人類の宝であるモン・サ
ン・ミッシェルを将来の世代にも望まれかつ保存される記念物とし
て託すために、ヨーロッパ連合（EU）、フランス政府、ノルマン
ディー地方、ブルターニュ地方が共同で、モン・サン・ミッシェル
とその湾の環境整備事業を行うことを決めたのである[29]。

　「モン・サン・ミッシェルの海洋性回復」運動と呼ばれるこの環
境整備事業（以下、「モン・サン・ミッシェル湾環境整備事業」という）は
持続可能性の実現を目的とし、1995年に調査を開始し、2005年に工
事に着手し、2015年に一通り完成した。人類の宝であるモン・サ
ン・ミッシェルの景観を根本的に復元し、「渡る」精神に従ってモ
ン・サン・ミッシェルへのアプローチを一新しようとするモン・サ
ン・ミッシェル湾環境整備事業は、大きな野望とも見なされるもの
だった。同事業の鍵を握るのは、潮汐の自然な力とクエノン川
（Couesnon）という大河の水力が混ざった、水域の力を活用すること
だった。2009年6月にビルパン首相（Dominique de Villepin, 1953-）に
よって正式に開始されたクエノン川河口ダムの建設工事は2009年に
完成し、同年5月から島の周辺の堆積砂を沖合に押し流す作業を始
めたが、その水力効果は絶大と評価された。2009年初秋には、駐車
や観光客の輸送のための公役務の委任も与えられた。2010年から
2011年にかけては、対岸の新駐車場やインフォメーションセンター
などの工事と、島へのアプローチを完全に一新することを可能にす
る新しい橋の工事が開始された。また、クエノン川河口ダムの上流
と下流の水力調整が2011年から2015年まで行われ、島の遠くに堆積

　29　「モン・サン・ミッシェルの海洋性回復」運動 HP http://www.projet-
montsaintmichel.com/pourquoi_agir/objectifs.html（最終閲覧日2019年10
月2日）

砂を押し流す水力をクエノン川は取り戻した。2012年には、島に観光客を運ぶために、対岸の新駐車場がオープンし、無料シャトルバスの運行が始まった。2014年には、対岸と島を結ぶ新しい橋である渡り橋が、観光客、歩行者、無料シャトルバスなどに開放された。そして1879年以来、130年以上前から対岸と島を結び、観光客を運ぶ一方では潮汐の流れを押しとどめていた堤防路が2015年に破壊されたことによって、モン・サン・ミッシェル湾環境整備事業は「モン・サン・ミッシェルの海洋性回復」を完全に実現したのである。同年に島の15ヘクタールの旧駐車場も破壊されたことから、同事業はさらに、島の周辺に広い砂浜の空間ができること、そして島が長期間を経て海洋性の完全な景観を取り戻すことを目ざして、活動を続けている[30]。

　モン・サン・ミッシェルの生態系に着目すると、湾のプレ・サレでは1万3,000匹以上の雌羊が放牧されて毎年ほぼ同数の子羊が生まれているほか、西側にはカンカルのカキ養殖場や、年1万トンの生産高を誇る280キロメートルに及ぶムール貝養殖場がある。また、海底には貝、環形動物、甲殻類が多く生息し、湾は舌平目、エイ、カレイ、スズキ、ボラなど魚の宝庫であると共に、5万羽以上のキリアイ、1万5,000羽近いカモやガン、無数のカモメ科の鳥（ユリカモメ、カモメ）が渡り鳥として飛来し、ゴマフアザラシの群れが生息する場でもある。これら多様な生物たちの食物連鎖の基底を支えているのが、モン・サン・ミッシェル湾に特有のきわめて小さな単細胞の海藻（0.01〜0.3ミリメートル）の、珪藻である。このように、プレ・サレ、珪藻、養殖を含む多様な生物たちという三者が密

---

30　同上。

接に結びつくことによって、モン・サン・ミッシェルの豊かな生態系は維持されている[31]。

世界中から毎年250万人の観光客が押し寄せるモン・サン・ミッシェルは、世界で最も人気の高い文化遺産が、現代において「保存と活用」を叶えている好例である。過剰利用の危機に幾度となく晒されつつも、数世紀にわたって世界中の人々に愛され続けたことが、モン・サン・ミッシェルを人類最高峰の文化遺産に変貌させた。つまり、文化遺産を観光地として活用し続けることが、保存につながっているのである。また、モン・サン・ミッシェル湾環境整備事業が示すように、自然環境保護が文化遺産保護に直結する実例という観点からは、ユネスコ世界自然遺産やユネスコ世界複合遺産のみならず、ユネスコ世界文化遺産、さらに人類の遺産全般の保護を考える上で、自然環境保護が一層、求められていくことになると考えられる。文化遺産を取り巻く災害リスクがかつてないほど高まっている21世紀においては、文化遺産保護も見据えた自然環境保護政策が、大規模自然災害による文化遺産の被災を防ぐ上で効果的と思われる。洪水という自然災害への対策、略奪および破壊、過剰利用、自然環境の悪化などのさまざまな課題を、数世紀にわたる試行錯誤と政策バランスによって乗り越えてきたモン・サン・ミッシェルの姿は、現代に生きるわれわれに、人類としての勇気と将来の世代への責任を思い出させてくれるだろう。

---

31 ルフーヴル、フントゥン、ラデュロー・前掲（注25）157〜160頁。

モン・サン・ミッシェルの完成直前の渡り橋と破壊前の堤防路
（2014年 3 月撮影）　※渡り橋の完成後の状況は本書《資料 1 》 2 参照
堤防路と旧駐車場の観光客

並行する渡り橋（左側）と堤防路（右側）

渡り橋と堤防路と旧駐車場（手前側）

修道院の西のテラスから見る湾の潮

モン・サン・ミッシェルの全景

# 3　フランス・リモージュ市に見る
## 持続可能な文化財保護

### ⑴　フランス・リモージュ市——巨匠ルノワールの故郷

　名磁器リモージュ焼で知られるフランスのリモージュ市は、フランス印象派を代表する巨匠ルノワール（Pierre-Auguste Renoir, 1841-1919）の故郷である。1841年2月25日にリモージュの仕立屋の7人兄弟の6番目の子として生まれたルノワールは、1844年（3歳）に一家でパリのルーヴル美術館近くの下町に移住し、1854年（13歳）から磁器工房の絵付職人見習としてのキャリアをスタートさせた。19世紀において磁器産業はリムーザン地方（中心都市はリモージュ）のトップ産業であり、中でも絵付職人は長期の見習養成を必要と

し、高い賃金を得ることができるエリート労働者だった。例えば当時、磁器労働者たちの多くは読み書きができなかったが、絵付職人たちは発達した初等教育を受けていたため、読み書きができる真のエリート労働者という位置づけであった。リモージュの労働者階級出身のルノワールが磁器の絵付職人を志したのは自然の成り行きだったが、5年後に見習期間を終えてようやく独り立ちした頃には、優美な装飾の磁器へのプリント技法が開発され、磁器の絵付職人としてのルノワールは失職してしまう。扇子や窓の日除けの絵付職人として働きながら、ルーヴル美術館でルーベンス（Peter Paul Rubens, 1577-1640）などの模写に励んでいたルノワールが、本格的に画家になろうと決意したのは1861年（20歳）のことである。

　リモージュ美術館の貴賓サロンには、ルノワール自身が故郷に寄贈した5枚の作品が展示されている。1845年創設の同美術館の所蔵作品の中でも、ルノワールの作品群すなわち、「息子ジャンの肖像（ココの肖像）（1899年）」「コロナ・ロマノの肖像（1916年）」「花瓶のバラ（1890年）」「花の頌歌（1903～1909年）」「マリー・ゼリー・ラポーテの肖像（1864年）」の人気は非常に高く、これらを鑑賞するためにリモージュを訪れる者も少なくない。とりわけ「息子ジャンの肖像」は、ルノワールの次男で後にフランスを代表する映画監督の一人となるジャン・ルノワール（Jean Renoir, 1894-1979）が少女姿でモデルを務めた作品であり、しばしば鑑賞者たちの関心を集めている。また、ジャンの最初の妻はルノワールの晩年にモデルを務めていたカトリーヌ・エスリング（Catherine Hessling, 1900-1979. 本名はアンデレ・マドレーヌ・ユシュラン）で、例えばオランジュリー美術館所蔵の「バラをさしたブロンドの女（1915～1917年）」はカトリーヌ（当時は本名のアンデレ、愛称デデ）がモデルの作品としてよく知られてい

る。サイレント映画女優となったカトリーヌの代表的な主演作品は、エミール・ゾラ（Émile Zola, 1840-1902）原作の小説『ナナ』を映画化した『女優ナナ』（1926年公開）のタイトルロールだが、同作品はジャンのサイレント期を代表する監督作品として高い評価を得ている。

リモージュ・ベネディクタン駅

## (2)　リモージュ焼とアドリアン・デュブーシェ国立陶磁器博物館

　ルノワールと並んでリモージュ市の名を世界に知らしめるのが、名磁器リモージュ焼である。「陶磁都市という公施設を創設する2009年12月24日のデクレ（政令）」は、名磁器セーヴル焼で知られるフランスのセーヴル市を「セーヴル陶磁都市」とし、さらに「セーヴル・リモージュ陶磁都市という公施設に関する2012年4月6日のデクレ」が、リモージュをセーヴルと双璧の陶磁都市と位置づけ

た。セーヴル・リモージュ陶磁都市は、セーヴル国立磁器製作所、
セーヴル国立陶磁器博物館と、リモージュのアドリアン・デュブー
シェ国立陶磁器博物館を結ぶ。リモージュ美術館と共に、アドリア
ン・デュブーシェ国立陶磁器博物館は多くのリモージュ焼を所蔵す
る。特に、フランスの陶磁器のみならず世界の名陶を展示する同博
物館の所蔵品は、文化財レベルのものも少なくない。フランスで
は、「歴史記念物と工芸品の保護に関する1887年3月30日法」を土
台とする「歴史記念物に関する1913年12月31日法（通称は歴史記念物
保護法）」の下、歴史的な大きな建物と動産を一括して歴史記念物と
して保護する。したがって、あくまでも歴史記念物に指定された文
化財が保護の対象となるが、約20万件と言われるフランスの歴史記
念物の指定物件数は、日本の指定文化財の指定物件数を遥かに上
回っている。

　1845年にアドリアン・デュブーシェ国立陶磁器博物館（旧リモー
ジュ美術館。当初のコレクションは現リモージュ美術館が所蔵）が創設され
たのは、リムーザン考古学歴史学会創設者のモリゾ知事（著名な画
家ベルト・モリゾの父親）によるところが大きい。彼は同学会の主な
目的として、博物館内に地方の遺産を収集し、保存することを提案
し続けた。1852年にミーニェレ知事が同博物館内に陶磁器部門を設
置したのは、リモージュの38の磁器工房と44の窯が年間300万以上
の磁器を製作していた当時、磁器産業の重要性を認めたからであっ
た。1865年にリムーザン考古学歴史学会は旧リモージュ美術館を改
組し、アドリアン・デュブーシェ（Adrien Dubouché, 1818-1881）を館
長に任命した。1869年以降、同博物館は市立博物館だったが、コレ
クションの充実についてのデュブーシェの献身的な貢献に感謝し、
1875年にリモージュ市は、博物館に彼の名を冠することの許可をコ

ンセイユ・デタ（フランスにおいて裁判権限と行政権限を併せもつ行政系統
の最高裁判所）に求めたのだった。デュブーシェが亡くなった1881年
には、「1881年6月15日法」によってアドリアン・デュブーシェ博
物館は国立施設に変わると共に、リモージュ市が国に、陶磁器や七
宝（エナメル）などの全コレクションを寄贈することとされた。現
存の建物が完成し、名称も現在のアドリアン・デュブーシェ国立陶
磁器博物館になった1900年からほぼ変わらない姿を保つ同博物館の
建物自体も、歴史記念物に指定されている。

**アドリアン・デュブーシェ国立陶磁器博物館**

## ⑶　リモージュ焼と文化財保護、法制度

　フランスを代表する高級磁器であるリモージュ焼の3大ブランド
は、「ロワイヤルリモージュ（ROYAL LIMOGES）」「アビランド
（HAVILAND）」「ベルナルド（BERNARDAUD）」である。1797年設立

3 フランス・リモージュ市に見る持続可能な文化財保護　　41

のロワイヤルリモージュ、1842年設立のアビランド、1863年設立の
ベルナルドはいずれも、創業当初からの磁器工房や窯を今もリモー
ジュ市内に保有し、それらの施設で磁器を現在も製作しつつ、博物
館として施設を一般公開している点で共通する。ロワイヤルリモー
ジュは「カソーの古窯博物館」、アビランドは「磁器の館　倉庫・
博物館」、ベルナルドは「工房倉庫・直販店」という博物館・工房
直販店を自社の敷地内で運営し、リモージュ焼を手頃な価格で手に
入れたいリモージュ市民や観光客で連日賑わっている。中でもカ
ソーの古窯博物館は、窯に火を入れるための木材を水路で受け取る
ために、ヴィエンヌ川（ロワール川の支流）の前に位置していた旧市
街「カソー」に1816年に本拠を置いたロワイヤルリモージュが、
1904に建設した煉瓦窯と当時のままの磁器工房を現代に伝えるもの
で、歴史記念物に指定されている。国鉄リモージュ・ベネディクタ
ン駅と市街中心地のどちらからも近いというアクセスの良さに加え
て、鮮烈な印象を与える巨大な古窯群や貴重な記録資料・写真コレ
クションを擁するカソーの古窯博物館の人気は高く、リモージュ市
のアイデンティティを最もよく伝える文化財の一つとして保護され
ている。
　リモージュ焼は19世紀半ばから20世紀初めに、フランスの法制度
の整備にも大きな影響を与えたが、それは文化財保護の面ではな
く、労働法や社会保障法など社会法分野においてのことだった。リ
モージュが産業都市として全盛期にあった19世紀後半、リモージュ
焼が黄金時代を迎える陰で、磁器産業を支える人々の労働環境はき
わめて過酷だったからである。磁器工房には当時、カオリンの採石
場で働く者たち、絵付工・粉末工・転写工・研磨工など装飾に関与
する資格のある者たち（エリート労働者）、カゼット（焼成品を直火から

守る耐火容器）工・はめこみ工・窯入れ工・ボイラーマンなど焼成の作業員たち、ろくろ工・成形工・絵具工など仕上げ加工を行う資格のある者たち等さまざまな労働者がいたが、彼らの労働環境には特に労働時間、児童労働、衛生状態上の問題があった。例えば、1900年に窯で働く男性に求められる平均労働時間は週およそ65時間で、そのうち24時間が夜勤だった。また、他の産業同様、磁器産業においても子どもはひどく扱われたが、大人と同じ時間働いた。磁器工房の換気は不十分で、大気中に常に浮遊する白い粉が結核を誘発し、研磨工は80％以上が結核で死亡し、平均死亡年齢は38歳だった。こうした状況はフランスにおいて、次のような法制度の整備を促すことにつながった。すなわち、児童労働に関する児童保護のためのギゾー法（1841年）、共済組合に関するデクレ（1852年）、連合およびストライキに関するエミール・オリヴィエ法（1864年）、女性および子どもの労働時間に関する法（1874年）、組合に法的実在を付与するための、組合に関するヴァルデック・ルソー法（1884年）、女性および子どもの労働時間に関する法（1892年）、法定労働時間を1日10時間と定める、ミルラン法（1900年）、日曜の休息を定める法（1906年）、労働者年金に関する法（1910年）、法定労働時間を一日八時間と定める法（1919年）などである。

ロワイヤルリモージュ

「カソーの古窯博物館」入口

アビランドの「磁器の館」

ベルナルド

## ⑷　持続可能な文化財保護と法律

　リモージュ市に見る文化財としてのリモージュ焼の保護は、市民が日常的に文化財に触れ、活用することによって、結果として長期的な文化財保護を実現するという手法を示唆している。リモージュ市民は必ず、代々受け継がれるリモージュ焼の食器セットを持っていると言われるが、それらを含めてリモージュ焼は、市民が今も日常使いする身近で愛着の深い文化財なのである。このように、言わば「使いこなす文化財」という感覚が、持続可能な文化財保護を実現する上で重要と思われる。翻って日本では、文化財は骨董的な面が強調され、ともすれば個人による死蔵に埋もれてしまうことも少なくない。忘れられた文化財は、長期的な保護とは逆の結果を招くことにもつながるだろう。

　法律との関連では、2点について言及したい。まず、「保護」「保存」「保全」の用語の違いである。文化財については保存の語が用いられることが少なくないが、例えば環境法分野においては保護が最広義であり、保護は保存も保全も含意する。保存は資源そのままの保護、保全は資源の有効利用という実利的な保護を意味する。博物館の重要な使命とされる博物館資料の保存と活用が、あくまでも活用するために保存するという点を論じること等を考慮すると、文化財についてはむしろ保全の語が用いられるべきとも思われるところ、これらを踏まえて本稿では保護の語を用いている。次に、文化財保護法制と都市計画法制の関係である。フランスでは文化遺産法典 L. 522-1 条の下、国が文化財保護を強力に牽引し、都市計画も基本的には文化財保護に従うものとされる。つまり、文化財保護法制と都市計画法制が密接に関連していることが、フランスの安定した文化財保護行政を支えているのである。日本においても、文化財保

護法制と都市計画法制ひいては他の関連法制との連携を早急に整備することが、持続可能な文化財保護を目ざすためには不可欠な段階にあると言えるだろう。

**市民が通うリモージュ焼のアウトレット店**

《参考文献》

稲田孝司『日本とフランスの遺跡保護——考古学と法・行政・市民運動』岩波書店、2014年

田中正之「アンドレ・ドラン《ジャン・ルノワール夫人（カトリーヌ・エスリング）の肖像》に関して」『国立西洋美術館研究紀要』10号、2006年

中村麗構成・執筆『西洋絵画の巨匠　ルノワール』小学館アーカイヴス、2016年

久末弥生『アメリカの国立公園法——協働と紛争の一世紀』北海道大学出版会、2011年

久末弥生『都市計画法の探検』法律文化社、2016年

久末弥生『考古学のための法律』日本評論社、2017年

ロラン・ダルビスほか『フランス印象派の陶磁器1866-1886 ジャポニズムの成熟』アートインプレッション、2013年

Chantal Meslin-Perrier et Céline Paul, Musée national de porcelaine Adrien Dubouché Limoges, Réunion des musées nationaux, 2008

Paul Lajudie, Mémoire Ouvrière, Mémoire Industriell, Atelier Graphique à Limoges, 2005

第 3 章

大規模都市災害とネットワーク構築

# 1　アメリカの連邦災害対応と情報管理
## ——国家安全保障法と災害法からのアプローチ

### I　はじめに

　近年、地震や豪雨など自然災害の極端な大規模化と、人災として
のテロリスト攻撃という、従来とは異なる2つのタイプの災害が、
世界の都市の安全確保を脅かしている。こうした状況は特に大都市
で顕著なところ、世界トップレベルの大都市である東京都市圏を擁
する日本もまた、共通の問題を潜在的に抱えている。国土の安全確
保について、認識をアップデートし、新たなアプローチを確立する
ことが、現代都市に生きる私たちの喫緊の課題になっている。

　2001年9月11日のアメリカ同時多発テロ事件は、テロリスト攻撃
による都市災害の脅威を現実のものとし、アメリカの国土安全保障
法制を根本的に転換させる契機となった。また、2005年8月末のハ
リケーン・カトリーナに対する不十分な災害対応が、連邦行政機関
の自然災害を含む大規模災害への対応策を、強化することにつな
がった。本稿は、災害時の連邦行政機関の対応について、アメリカ
の国家安全保障法（National Security Law）分野と災害法（Disaster
Law）分野の双方向から概観し[1]、さらに連邦災害対応と情報管理の
関係を考察する。

---

　1　国家安全保障法と災害法は、いずれも法分野の総称であり、具体的な法
　　律名ではない。

## Ⅱ　アメリカの国土安全保障法制と連邦災害対応

### (1)　アメリカの国土安全保障法制の意義

　アメリカの法政策は、時の政権が共和党（Republican Party）か民主党（Democratic Party）かによって異なり、共和党政権は連邦政府を弱めて州政府を強める傾向、民主党政権は連邦政府を強めて州政府を弱める傾向があることが[2]、政治学分野において広く指摘されている。こうしたスタンスの違いは、具体的な法政策に関する大統領のイニシアティブに発現する。他方、広大な国土を有するアメリカは、国立公園、国有林、国立野生生物保護区、土地管理局管理地など、古くから連邦所有地に関して充実した法制度をもつ国でもある。

　2002年の「国土安全保障省（Department of Homeland Security: DHS）」の新設は、「安全保障」という観点からアメリカ国土に関する法制度を再整備する契機となり、従来の連邦土地法体系に新たな価値観を投じた。アメリカにおいて「国土安全保障（homeland security)」とは端的に、人災および自然災害に対して準備し、対応する技術を意味する。アメリカ国内の自然災害や人災から国民を保護す

---

2　1970年代末に、連邦所有地政策管理法に基づく新たな管理体制に反対して、西部の保守的な地主たちを中心に、西部諸州がカーター政権下の連邦政府に対して公有地についての州権の回復を求めた運動である「よもぎの反乱」は、典型例の1つである。よもぎの反乱のメンバーたちは後に1980年の大統領選で、共和党からレーガン（Ronald Wilson Reagan, 1911-2004）が第40代大統領に選出されるのを強力に後押しした。久末弥生『アメリカの国立公園法——協働と紛争の一世紀』（北海道大学出版会、2011年）66頁、103頁。

ることは、連邦政府の中心的機能であることから、建国時から現在までアメリカは、効果的な連邦災害準備および連邦災害対応を進歩させ、維持しようと、一貫して努めてきた。災害が自然現象に起因するのか、テロ行為あるいは他の人為的行為によって引き起こされたのかにかかわらず、どの災害環境にも見られる非常事態における民間人管理についての4つの共通要素が、1789年の連邦政府誕生期から指摘されてきた。①食糧、水、避難所[3]、衣類、医療の提供、②効果的なコミュニケーション（通信、情報、交通）の確立、③非常物資および非常設備の輸送確保、④連邦、州、地方、部族（アメリカ先住民インディアン、アメリカ先住民エスキモーなど）の政府努力間の調整、の必要性である。災害のタイプにかかわらず、連邦災害対応の進化は基本的に、これらの要素を一貫して含んできた[4]。現在、アメリカの国土安全保障法制を主に支えているのは、国家安全保障法と災害法という、大きく2つの法分野である。

---

3　日本では近年、避難所をめぐる課題が指摘されることが多い。例えば、2018年6月に発生した大阪北部地震の際に、外国人への災害情報の伝達が十分ではなかったことへの反省から、避難所の運営マニュアルの見直しや多言語による発信力の強化といった試行錯誤の動きが続いている。日本経済新聞2019年7月10日付夕刊。他にも、避難所とパンデミックの潜在的なつながりを指摘できるだろう。

4　John Norton Moore, Guy B. Roberts and Robert F. Turner (Edited by), National Security Law & Policy, Third Edition, Carolina Academic Press (2015) p.1417; Geoffrey Corn, Jimmy Gurulé, Eric Jensen and Peter Margulies, National Security Law: Principles and Policy, Wolters Kluwer (2015) p.451, p.457.

⑵　2002年の国土安全保障法（HSA）と国土安全保障省（DHS）
　　創設

　テロリスト攻撃の脅威を世界に認識させたのは、1993年の世界貿
易センター爆破事件だった。1995年から1996年にかけては、東京の
地下鉄サリン事件、オクラホマシティの連邦政府ビル爆破事件、
ダーランのコバールタワー爆破事件など、世界の都市でテロ事件が
発生した。2001年9月11日のアメリカ同時多発テロ事件は、従来の
国土安全保障に関する法政策の再評価、資金提供の増額、行政組織
の再編が必要だという、アメリカに対する歴史的に珍しい全世界的
な同意を生んだ。こうした背景の下、2002年の「国土安全保障法
(Homeland Security Act: HSA, P.L. 107-296（116 STAT. 2135-2321))」[5]が、
初年度予算370億ドル、22の連邦行政機関から約20万人の連邦職員
を引き継ぐかたちで、国土安全保障省（DHS）の創設を認めたので
ある[6]。同省の創設は、1940年代後半の国防総省（Department of De-
fense: DOD）の創設以来、アメリカ最大規模のものだった。国土安
全保障法（HSA）は、アメリカの連邦災害準備および連邦災害対応
を支える2大根拠法のうちの1つである。同法が、アメリカにおけ
る自然災害やテロリスト攻撃から国民を保護する巨大な連邦政府組
織である国土安全保障省（DHS）を創設し、そうした事件に対応す
るための広範囲にわたる計画策定を同省に命じる。国土安全保障省
（DHS）は、非常事態に対応するための多様な計画を展開すること

---

5　国土安全保障法（HSA）の全文は、国土安全保障省（DHS）HPから参
　　照可能である。https://www.dhs.gov/homeland-security-act-2002（最終
　　閲覧日2019年7月21日）。

6　Matt C. Pinsker and R. James Orr Ⅲ, Homeland and National Security
　　Law and Policy: Cases and Materials, Carolina Academic Press（2017）
　　p.351.

になるが、これらの計画は一般的に、連邦政府より州政府、州政府より地方政府、地方政府より部族政府というように、できるだけ下位レベルの政府による活動を求め、計画の詳細はさまざまであり、連邦、州、地方、部族の各政府機関間の調整の重要性を強調する[7]。

　国土安全保障省（DHS）の最も重要な使命は、国土安全保障法（HSA）によると、①アメリカ国内でのテロリスト攻撃を予防する、②テロリズムに対するアメリカの脆弱性を軽減する、③アメリカ国内で実際に起こるテロリスト攻撃からの被害を最小限にし、回復を援助する、の3つである。新設の同省の使命は、当初はアメリカ国内のテロ行為対策に集中していたが、同法第5編（非常事態準備および非常事態対応）が概説するように、自然現象によるものを含めてすべての種類の災害を軽減する責任がすぐに加わった[8]。

　アメリカの連邦災害準備および連邦災害対応を支える2大根拠法のもう1つは、1988年のいわゆる「スタッフォード法（Robert T. Stafford Disaster Relief and Emergency Assistant Act, P.L. 100-707）」である。1974年の「災害救助法（Disaster Relief Act, P.L. 93-288）」を改正するかたちで生まれたスタッフォード法は、災害宣言の手順や、災害最中の連邦援助についての制定法上の権限を規定する[9]。また同法が、27以上の連邦部門や連邦行政機関、1つの非政府組織（NGO）の努力を調整するための立法基盤を提供し、大規模災害や非常事態の影響に対する「連邦緊急事態管理庁（Federal Emergency

7　Stephan Dycus, Arthur L. Berney, William C. Banks, Peter Raven-Hansen and Stephen I. Vladeck, National Security Law, Sixth Edition, Wolters Kluwer（2016）p.1227.

8　The National Academies, Disaster Resilience: a National Imperative, The National Academies Press（2012）p.180.

9　Pinsker and Orr Ⅲ, supra n.6 p.348.

Management Agency: FEMA)」の対応や、復旧のための基本的な法的枠組みを定めた[10]。

　このようにアメリカでは、スタッフォード法と国土安全保障法（HSA）という2つの根拠法が自然災害とテロ行為を軽減し、それらに対応し、それらから回復するための組織的かつ機能的な枠組みのほとんどを提供する。最も広く引用されるのはスタッフォード法で、連邦災害対応の指針になる[11]。次に多く引用されるのは国土安全保障法（HSA）で、テロリズムに対する連邦災害準備が中心となる。

　アメリカにおいて自然災害と人災が区別せずに論じられるのは、1950年に制定された3つの非常事態管理法、すなわち「連邦民間防衛法（Federal Civil Defense Act）」と「国防生産法（Defense Production Act: DPA）」、そして現在の災害救助立法の先駆けで災害救助権限を付与する最初の基本法である「災害救助法（Disaster Relief Act）」がいずれも、国防を想定したものだったことに由来する。例えば、制定当初は国防のための軍利用にのみ適用された国防生産法（DPA）は、「国防（national defense）」の定義のなかに「非常事態準備（emergency preparedness）」を含めるために1994年に改正され、自然災害にも適用されるようになった[12]。国連で提唱される「人間の安全保障」に近づいているようにも見えることがある、アメリカの連邦災害準備および連邦災害対応の拡充の行く先に注目したい。

---

10　Moore and two others, supra n.4 p.1425.
11　The National Academies, supra n.8 p.179.
12　Moore and two others, supra n.4 p.1427.

## Ⅲ　連邦緊急事態管理庁（FEMA）と「回復力」使命

　2000年の「災害軽減法（Disaster Mitigation Act, P.L. 106-390）」はスタッフォード法を改正し、「回復力（Resilience. 別名はレジリエンス）」使命を新たに取り入れた。なお、"Resilience" には SDGs などで「強靭」の訳語が当てられているが、本書で連邦災害対応を論じる際には、本来の語意により近い「回復力」を用いることとしたい。回復力は連邦災害対応に関する最新のキーワードの1つだが、実は1970年代から連邦緊急事態管理庁（FEMA）の使命のなかに長く潜在してきた。そもそも同庁は、1979年3月28日のスリーマイル島原子力発電所事故に際し、連邦災害対応の遅さと地方・連邦間の調整が不十分であることが劇的に証明されたことを受けて設立された。同年7月20日にカーター大統領（James E. "Jimmy" Carter, Jr., 1924-）が、災害救助努力を調整するための指導的行政機関として、連邦緊急事態管理庁（FEMA）を設立したのである。具体的には、「連邦保険庁（Federal Insurance Administration）」、「消防庁（National Fire Prevention and Control Administration）」、「全米気候サービスコミュニティ準備プログラム（National Weather Service Community Preparedness Program）」、「共通役務庁（General Services Administration）」の「連邦有事準備局（Federal Preparedness Agency）」、「連邦住宅・都市開発省（Housing and Urban Development: HUD）」の「連邦災害援助庁（Federal Disaster Assistance Administration）」を吸収して設立された連邦緊急事態管理庁（FEMA）は、アメリカ史上最大規模となる防災努力の統合成果だった[13]。

　民主党の歴代の大統領たちが連邦緊急事態管理庁（FEMA）を政

治的に利用してきたことが、近年は政治学分野で指摘されることも少なくないが、設立初期において同庁は、ラブカナル汚染事件[14]、キューバ外交、スリーマイル島原発事故処理など、アメリカの災害や非常事態において、まさに指導的な役割を果たした。

　国土安全保障法（HSA）第5編は、包括的かつリスクに基礎を置いた非常事態管理プログラムとして、①軽減プログラム、②計画プログラム、③対応プログラム、④回復プログラム、⑤能率向上プログラムについて概説し、連邦緊急事態管理庁（FEMA）を回復プログラム担当と位置づけた。しかし同庁は、同プログラムに限らず、伝統的なFEMA目標やFEMA活動の多くを通じて連邦災害準備および連邦災害対応のために、自然危険およびすべての危険に対するアプローチを重点的に扱い続けた[15]。実際、2005年8月末のハリケーン・カトリーナ後に制定された2006年の「カトリーナ後の非常事態管理改正法（Post-Katrina Emergency Management Reform Act: PKEMRA, P.L. 109-295）」が、非常事態対応規定を大幅に改訂するために2002年の国土安全保障法（HSA）を改正した一方で、連邦緊急事態管理庁（FEMA）は国土安全保障省（DHS）内部に同省の構成組織として維持されたのである[16]。連邦緊急事態管理庁（FEMA）の使命の宣言である「災害の前、最中、後に人々を助けること（Helping people before, during, and after disasters）」[17]には、回復力を高めると

---

13　Pinsker and Orr Ⅲ, supra n.6 p.347.

14　1978年に、ナイアガラの滝の近くのラブカナル運河で起きた、有害化学
　　物質による汚染事件。アメリカが1980年代からの「環境の時代」に移行す
　　る、1つの契機となった。

15　The National Academies, supra n.8 pp.180-181.

16　Moore and two others, supra n.4 pp.1440-1441.

17　連邦緊急事態管理庁（FEMA）HP https://www.fema.gov/about-

いう非常に重要な連邦責任が含意されている[18]。同庁にとって「回復力」使命は、古くて新しいものと言えるだろう。

## Ⅳ　国家回復力強化とコミュニティ回復力強化

### ⑴　国土安全保障大統領指令（HSPD）と国家回復力イニシアティブ

　2001年9月11日のアメリカ同時多発テロ事件後、アメリカでは国家回復力に関する一連の「国土安全保障大統領指令（Homeland Security Presidential Directives: HSPD）」が出された。同指令は具体的には、国土安全保障会議（Homeland Security Council）、国土安全保障顧問制度（Homeland Security Advisory System）およびテロリズム顧問制度（Terrorism Advisory System）、重要インフラ（Critical Infrastructure）の特定・優先・保護、国家計画、国家連続政策、連続計画、公衆衛生および医療準備、国家サイバーセキュリティ・イニシアティブ（National Cyber Security Initiative）、などを扱う。国土安全保障大統領指令（HSPD）の多くはテロリストの脅威を重点的に扱うが、テロリストの脅威に対するコミュニティの準備および対応は、自然災害に対するそれらと同じ多くの要素を含んでいる。つまり、同指令を適用する際の人工の脅威と自然の脅威は、かなり確実に共通要素をもつ。そこで、両方の脅威について幅広く適用すべく、2011年には「国家準備（National Preparedness）」と題された「大統領政策指令（Presidential Policy Directives: PPD）」が、「大統領政策指令 PPD-8」と

---

agency（最終閲覧日2019年7月21日）。

18　The National Academies, supra n.8 p.181.

して出された。最近はこのように、「国土安全保障大統領指令
（HSPD）」か「大統領政策指令（PPD）」のどちらかによって、大統
領が国家回復力に関するイニシアティブを取る例がほとんどであ
る[19]。

## ⑵　2011年の大統領政策指令（PPD-8）と国家回復力強化

　2011年の大統領政策指令（PPD-8）は、「国家準備。テロ行為、サ
イバー攻撃、パンデミック（世界的流行病）、壊滅的な自然災害を含
めて、国家安全保障に最大のリスクを引き起こす脅威に対する組織
的な準備を通じて、アメリカの安全保障と回復力を強化することを
目ざす。」と述べる[20]。ホワイトハウスと国土安全保障省（DHS）の
連名で同指令が出された2011年3月は、2001年9月11日のアメリカ
同時多発テロ事件から10年の節目であると共に、日本では東日本大
震災が発生し、東京電力福島第一原子力発電所事故を含む未曽有の
大規模災害が世界に報道された時期だった。アメリカ国内でも、
2009年の新型インフルエンザの大流行、アメリカで初めて「国家的
重大流出事故（Spill of National Significance: SONS）」が宣言された2010
年のメキシコ湾原油流出事故など、連邦対応を必要とする災害や事
件の幅が広がるなか、さまざまな脅威に適用することを想定して、
大統領政策指令（PPD-8）が出されたのである。
　大統領政策指令（PPD-8）の特徴は、国家回復力強化の鍵を民間
の利害関係者たちが握るとする点である。例えば同指令は、幅広い
事件に対する連邦対応が、コミュニティに存在する高度の専門的知

---

19　Id. pp.161-163.
20　Id. pp.161-162.

見や資源にてこ入れすることによって強化されてきたことを認める。大統領は国土安全保障省（DHS）長官に、同指令の目標を達成するための国家回復力強化キャンペーンを調整するよう指示することになるが、同指令によると、同省は仕事をすべて自ら指揮することは求められておらず、他の者たちの仕事を調整することが期待されている。このように大統領政策指令（PPD-8）は、アメリカのコミュニティおよび民間部門が国家回復力を高める際に中心的な役割を果たし、国土安全保障省（DHS）の連邦努力間の調整がさらに、それらの重要な利害関係者たちの効果的な参加につながることを明らかにする[21]。

### (3) 回復力特別委員会（CRTF）報告書勧告とコミュニティ回復力強化

　大統領政策指令（PPD-8）の公布は、国家回復力における連邦の役割を高めて進歩させることにおいて大きな前進であり、その目標は「国土安全保障顧問会議の回復力特別委員会（Homeland Security Advisory Council's Community Resilience Task Force: CRTF)」の報告書（以下「CRTF 報告書」という）によって、拡大された。2011年6月に公表された CRTF 報告書は、「4年ごとの国土安全保障調査報告書（Quadrennial Homeland Security Review Report)」に組み込まれており、一連の勧告（以下「CRTF 勧告」という）を含んでいる。CRTF 勧告は、大統領政策指令（PPD-8）の体系を通じて国家回復力を高める際の国土安全保障省（DHS）の役割を定めており、同省に対して責任の明確化、個人および社会の回復力を高めるための知見および国

---

21　Id. pp.162-163.

民意識を確立すること、都市計画としっかりした環境を支えるための長期目標を提供するよう求める[22]。

　CRTF 勧告の特徴は、同勧告がコミュニティ回復力強化に特化した内容をもつことである。CRTF 勧告は具体的には、責任分担についての共通理解、国家回復力を強化し維持するための首尾一貫した相乗作用のあるキャンペーン、効果的な実施、国家回復力局（National Resilience Office）、回復力基金、回復力に役立つ知見および人材基盤、国民意識、「回復力のあるコミュニティ・イニシアティブ（Resilient Community Initiative: RCI）」、連邦給付金プログラム、コミュニティに基礎を置いた回復力のあるインフラ・イニシアティブ、コミュニティに基礎を置いたすべての危険についての「アメリカ回復力評価（American Resilience Assessment: ARA）」などの確立や調整などを扱う[23]。

### (4)　2011年の DHS 国家準備目標と国家回復力

　大統領政策指令（PPD-8）への対応として、国土安全保障省（DHS）は2011年9月に「DHS 国家準備目標（DHS National Preparedness Goal）」のなかで、連邦災害準備についての声明を出した。同目標において連邦準備は、より回復力のある国家を発展させるために、テロリズムと自然危険の両方の影響を軽減するか削減することを目ざす先制活動を含むとされる。また、DHS 国家準備目標は管轄権を横断し、国家規模での連邦準備を扱うが、実際は主に連邦緊急事態管理庁（FEMA）を通じて国土安全保障省（DHS）が、国家回

---

22　Id. pp.163-164.
23　Id. pp.164-165.

復力の確立を求める行政機関間の協働においてリーダーシップを発揮することになる[24]。

　DHS 国家準備目標の達成とは、同目標の定義によると、「最大のリスクをもたらす脅威や危険を予防し、それらに対して保護し、軽減し、対応し、それらから回復するために、すべてのコミュニティで求められる能力をもつ、安全で回復力のある国家」の実現を意味する。また、目標の具体的な達成手法として、テロリズムの脅威あるいは実際の活動の予防・回避・阻止、国民・住民・観光客・財産の保護、将来の災害の影響を少なくすること、壊滅的な事件後に迅速に対応すること、インフラ・住宅・持続可能経済などのタイムリーな復興・強化・復活を重点的に扱うことを通じた回復、などが挙げられている[25]。とりわけ興味深いのは、目標の達成手法のなかに「復興（restoration）」や「復活（revitalization）」といった新たなキーワードが見られることである。2011年3月11日の東日本大震災後の日本の状況を、大いに意識したものと考えられるだろう。

### (5)　長期回復力政策とコミュニティ・イニシアティブ

　アメリカでは最近、国家回復力を高めるための政策について、いくつかの留意点が指摘されるようになった。こうした政策の重要な役割は、コミュニティ回復力に関して長期の見通しを採用し、短期の得策を避けるように、コミュニティを助けることだというのである。1つの積極的な短期目標を達成するための政策が、コミュニティ回復力の悪化を故意なく引き起こすことが、ダムが熱帯化の気

---

24　Id. p.165.
25　Id. p.166.

候変動を誘発して洪水や竜巻を招いた多くの例や沿岸地域開発の連携不足の例、ニーズと乖離した数値目標の独り歩きなど、さまざまな事例によって明らかになってきた。したがって、すべてのレベルの政府の政策とプログラムについて、コミュニティと国家の長期回復力への影響評価調査が求められることになる[26]。また、回復力を高めるためには、コミュニティ・イニシアティブと連邦政策の相互依存および相互作用、つまりボトムアップとトップダウンのアプローチをつなぐことが不可欠となる[27]。

　また、地方コミュニティに連邦資金を戦略的に投資することが、より回復力のあるコミュニティを発展させるための強力な起動力になるかもしれないし、災害前の資金提供が将来、国家回復力を高める重要な手段として役立つだろうことも指摘されている[28]。

## V　重要インフラ保護と情報管理

### (1)　重要インフラ保護と官民連携

　国家回復力を高めるためには、重要インフラを保護することが不可欠である。重要インフラとは、「現実であろうとサイバーであろうとアメリカにとってきわめて重要なシステムや資産で、そのようなシステムや資産の無力化あるいは破壊が、安全保障、国の経済安全保障、国の公衆衛生あるいは安全対策、これらを組み合わせたものを衰弱させる影響があるかもしれない」（U.S.C. 第42巻5195c (e) 条）ものと定義され、連邦と州の両方の財産、さらに民間と公共の両方

---

26　Id. p.159.
27　Id. p.160.
28　Id. p.168.

の財産を包含する。つまり、アメリカの重要インフラを十分に保護するためには、連邦政府、州政府、民間の利害関係者たちの協働が必要となる。クリントン大統領（Bill Clinton, 1946-）の下で出された、「重要インフラ保護に関する大統領委員会（President's Commission on Critical Infrastructure Protection: PCCIP）」による1997年10月13日勧告は、「インフラは主に民間の所有かつ運営なので、われわれは重要インフラ保証が公共部門と民間部門の共同責任であると結論づけた」と述べ、重要インフラが「われわれの社会を下から柱で支える不可欠な業務……エネルギー、銀行・融資業務、輸送、人命救助業務、遠距離通信」であるとして、重要インフラに対する現実とサイバーの両方の脅威を指摘していた[29]。

　2003年の国土安全保障大統領指令（HSPD）7によると、重要インフラ保護を担う特定部門連邦行政機関は、農務省（農業、肉・家禽・卵製品などの食物）、保健福祉省（公衆衛生、健康管理、肉・家禽・卵製品以外の食物）、環境保護庁（EPA）（飲料水と水処理システム）、エネルギー省（石油・ガスの精製品、貯蔵、流通を含むエネルギーと、商業的な原子力発電所施設を除く電力）、財務省（銀行と融資）、内務省（国立記念物および像）、国防総省（工業基地の防衛）、とされる。これらの行政機関は長官の指針に沿って、自らのインフラ部門に関連するすべての連邦部門および行政機関、州および地方の政府、民間部門と協力し、当該部門の脆弱性評価を指揮あるいは促進し、重要インフラ・重要資源に対する攻撃から保護し、その影響を軽減するために、リスク管理戦略を促進することになる[30]。国土安全保障省（DHS）、連邦緊

---

29　Moore and two others, supra n.4 1451.
30　The National Academies, supra n.8 p.167.

急事態管理庁（FEMA）、沿岸警備隊（U.S. Coast Guard: USCG）はもちろんだが、他にも、海洋大気局（NOAA）、地質学調査研究所（USGS）、航空宇宙局（NASA）、森林局、陸軍工兵隊、開墾局、土壌保護局（NRCS）、連邦エネルギー規制委員会、教育省、連邦住宅・都市開発省（HUD）などが、アメリカのコミュニティの総回復力ひいては国家回復力を確立する際に、軽減、準備、対応において重要な役割を果たす。特に地質学調査研究所（USGS）と海洋大気局（NOAA）は、地震、津波、気候変動などの評価や、影響の軽減において、コミュニティ回復力を効果的に高めてきた[31]。

　国土安全保障における官民連携が進むアメリカでは、連邦行政機関が民間部門との協働を積極的に進めることで重要インフラを十分に保護しようと試みる現状にあり、具体的には3つの包括的な目標に関連して、さまざまな法、規則、行政命令、大統領指令、大統領政策指令などが法的枠組みを設けている。1番目の目標は、事件を防ぎかつ事件に備えるために、適切な統一体を支えることである。具体例としては、2006年に初めて作成された「国家インフラ保護計画（National Infrastructure Protection Plan: NIPP）」がある。同計画は2009年、2013年とたびたびアップデートされているが、多くのさまざまな利害関係者たちに情報提供することによって、現実とサイバーの重要インフラに対する重大な脅威や危険からのリスクを管理することを、一貫して求めている。重要インフラへのリスクを管理するためには、国家インフラ保護計画（NIPP）によると、「脅威や危険を特定し、防ぎ、見つけて、粉砕し、備える」、かつ「重要な資産、システム、ネットワークの脆弱性を削減する」、かつ「実際

---

31　Id. pp.168-169.

に起こる事件あるいは有害な出来事による、重要インフラへの起こりうる結果を軽減する」ための、さまざまな利害関係者たちに及ぶ統一的なアプローチが望ましい。つまり同計画は、政府、民間、非営利部門のすべてのレベルが重要インフラ保護で協働することを支える、国家的な統一努力を述べていることになる[32]。

2番目の目標は、公共部門と民間部門の間で正確な情報をタイムリーに共有することである。具体的な法的枠組みとして、「保護された重要インフラ情報（Protected Critical Infrastructure Information: PCII）」が国土安全保障法（HSA）に定められており、民間部門が連邦政府と共に自発的に共有する重要インフラ情報は開示から保護されることを、同法が保証する。保護が法定されていると、連邦政府と情報を共有する際に民間部門が抱く主な懸念を払拭する。保護された重要インフラ情報（PCII）は開示されることがないので、1966年の情報自由法（Freedom of Information Act: FOIA）の適用がない。国土安全保障法（HSA）は、自発的に提供された情報を、連邦政府が産業あるいは市民活動を規制するために用いることを防ぐ。これらの保護は、重要インフラ情報に関して、連邦政府への情報の自由な流れを保証するために不可欠であることを証明してきた、と評価されている[33]。

3番目の目標は、重要インフラ間の相互依存を含めて、重要インフラの脆弱性を評価することである。重要インフラ間のマイナスの相互依存の問題は、2018年9月6日の北海道胆振東部地震後に発生した北海道電力全域でのブラックアウト（大規模停電）など、近年は

---

32  Moore and two others, supra n.4 p.1453.
33  Id. pp.1453-1454.

日本でも認識されつつある。アメリカでは、2013年の同日に公布された「大統領政策指令（PPD-21）」と「行政命令（Executive Order）13636号」が、最善の重要インフラ保護に関する最近の戦略的意見を述べている。大統領政策指令（PPD-21）は、異なる部門間のプラスの相互依存を強調し、サイバーセキュリティが重要インフラ保護と協力していくことを認める。こうした観点は、同指令が設置を命じた2つの重要インフラセンター、すなわち1つは重要インフラを監視する「国家サイバーセキュリティ・コミュニケーション統合センター（National Cybersecurity and Communications Integration Center: NCCIC）」と、もう1つは現実の重要インフラを監視する「国家インフラ調整センター（National Infrastructure Coordinating Center: NICC）」が重要インフラを連続的に監視することによって強調され、例えばNICCは常に国土安全保障省（DHS）と重要インフラの所有者・運営者間の情報共有や調整を扱うなど、民間部門だけではなく連邦行政機関間の情報共有のより大きな可能性を開くことになる[34]。

## ⑵　生物テロ対策と情報管理

　アメリカでは近年、国土安全保障の歴史上それほど注目されてこなかった公衆衛生や伝染病隔離・治療などが、生物テロ対策との関連で大きく扱われるようになっている。そもそもアメリカでは、公衆衛生権限のほぼすべてが個々の州法に由来するが、これらの法の多くは、ポリオ（小児麻痺）克服を想定して1920年代に制定されたものである。また、主に州レベルにあるとされる、重大な公衆衛生

---

34　Id. p.1454.

に密接に関係するテロリスト攻撃に対応する法的権限と、連邦レベルにのみあることが多い、テロリスト攻撃への対応に必要な財源・科学技術は分離している[35]。つまり、州の公衆衛生権限と連邦災害対応が、必ずしも協働しないのである。

　伝染病を含むテロリスト攻撃の観点から最近は、「遮蔽（Shielding）」と呼ばれる概念が重要視されつつある。これは伝染病の周期を壊し、治療の拡充を容易にし、広範囲の隔離の必要性を軽減するというもので、具体的には、逃げたり、公共の場所に集まるよりもむしろ、家にいて自己隔離するという個人や家族による自発的な判断を促すよう、連邦援助によって支えられるコミュニティに基礎を置いた努力を意味する。自発的なものなので特別な制定法上の権限を要しないし、憲法上の厳しい要件を満たす必要がないし、隔離基準に達する前の危機の早期に実施できるという利点が指摘されている。さらに伝染病治療との関係では、テロリスト攻撃に伴う大混乱に先立って、伝染病の予防接種、抗生物質の供給や治療を受けるべき高リスクのグループ間の優先順位について、規制や制定法のなかで予め判断しておくことが提言されている[36]。これらの考え方は、2020年1月から流行が懸念された、新型コロナウィルスによる肺炎への対策にも有効と思われる。

　この点に関連して、2020年東京五輪・パラリンピックを控えた日本でも、化学テロでサリンなどの有毒ガスが散布されたホットゾーン（汚染地域）で、医師や看護師以外にも、消防隊員や警察官、自衛官らに解毒剤の自動注射器の使用を認める報告書を厚生労働省が

---

35　Id. pp.1442-1443.
36　Id. pp.1444-1445.

まとめたことが報道された[37]。病気の兆候を示す患者についてのリアルタイムの情報伝達が、生物テロ攻撃の発見と軽減に効果的であることは、生物テロ対策としての情報管理の問題としてアメリカで特に議論される一方で、州法や連邦法のプライバシー要件が、そのようなきわめて重要な情報の共有を困難にするだろうことも指摘されている[38]。

## ⑶　国土安全保障省（DHS）とサイバーセキュリティ・インフラ安全庁（CISA）

　2019年7月現在、国土安全保障省（DHS）の傘下には図のように、「サイバーセキュリティ・インフラ安全庁（Cybersecurity and Infrastructure Security Agency: CISA）」、「税関・国境警備局（U.S. Customs and Border Protection: CBP）」、「市民権・移民局（U.S. Citizenship and Immigration Services: CIS）」、連邦緊急事態管理庁（FEMA）、沿岸警備隊（USCG）、「移民・税関執行局（U.S. Immigration and Customs Enforcement: ICE）」、「連邦シークレットサービス（U.S. Secret Service: USSS）」、「運輸保安庁（Transportation Security Administration: TSA）」という、8つの連邦行政機関が置かれている。このうち、サイバーセキュリティ・インフラ安全庁（CISA）は2018年11月に設立されたばかりで最も新しいが、国家リスク顧問として中心的な役割を果たす。同庁は「今日を防衛し、明日の安全を守る（Defend Today, Se-

---

37　日本経済新聞2019年11月15日付。現行法上は注射を他人に打つのは医療行為に当たり、医師や看護師以外は医師法違反になるが、医師法などを改正するのではなく、解毒剤注射を打つために一定程度の訓練を施す方針だという。日本経済新聞2019年5月20日付。

38　Moore and two others, supra n.4 p.1445.

cure Tomorrow)」のスローガンの下、重要インフラに対するリスクを理解し管理するアメリカの国家的な努力を牽引し、公共部門と民間部門の両方のパートナーたちと協働しながら、安全でより回復力のあるインフラの確立を目ざす。

　サイバーセキュリティ・インフラ安全庁（CISA）は具体的には、サイバー攻撃に対する国家的な防衛能力を確立し、サイバーセキュリティ手段や事件対応業務に加えて、パートナー部門・行政機関の不可欠な運営を支える「gov.」ネットワークという安全装置について評価するために、連邦政府と協働する。また、民間部門と公共部門に及ぶ信頼できるパートナーシップを活用しながら安全保障および回復力努力を調整し、全国のインフラ所有者・運営者だけでなく、連邦の利害関係者たちに対しても科学技術援助を行う。同庁は政府、調整、手段、指導のすべてのレベルで、国民を安全にするための相互に情報交換可能なコミュニケーション能力を高めることで、全国のパートナーたちの非常事態コミュニケーション能力を高めるのを助ける。また、自然災害、テロ行為、他の人災の際に情報を伝え合うことを継続するために、非常事態対応プロバイダーや関連する政府職員たちの能力を支えて促進するための、広範囲にわたる全国的な組織的奉仕活動を指揮する。同庁内部にはさらに、アメリカの重要インフラに対する最も重大なリスクを特定し、対処するために働く、計画、分析、協力センターとして、「国家リスク管理センター（National Risk Management Center: NRMC）」が置かれた[39]。

　アメリカの連邦災害対応政策の主眼が、重要インフラ保護のため

---

39　サイバーセキュリティ・インフラ安全庁（CISA）HP https://www.dhs.gov/cisa/about-cisa（最終閲覧日2019年 7 月21日）。

## 図　国土安全保障省 (DHS) 組織図 (2019年)

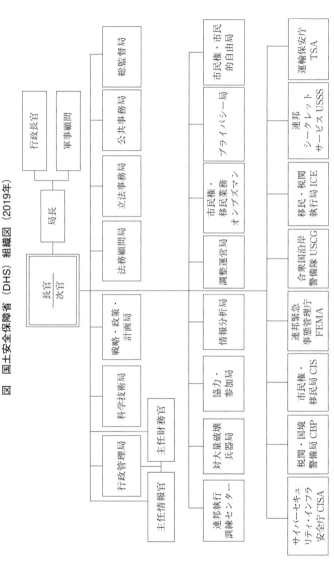

出典：国土安全保障省 HP を基に久未作成

の情報管理へと急速に移行する2018年以降のアメリカの動向は、災害に関連しうる複数の法分野の架橋可能性を含めて、日本の災害対応政策を考える上でも示唆を与えてくれるだろう。

## 抄録（Summary）

**Federal Disaster Response and Information Control in the United States: Perspectives from the National Security Law and the Disaster Law**

Two types of new disasters threaten world safety in recent years: natural disasters of unheard of proportions, such as major earthquakes and massive floods, and terrorist attacks as man-made disasters. Such a trend is obvious, especially in large cities, and Japan, with the Tokyo metropolitan area as one of most populous cities of the world, also faces this problem. It is an urgent task with people living in modern cities to update the recognition of and establish a new approach to homeland security. The simultaneous terrorist attacks of September 11, 2001 turned the threat of urban disasters by terrorist attacks into reality and fundamentally changed the homeland security laws in the U.S. On the other hand, reflection on the poor response to Hurricane Katrina at the end of August 2005 led to strengthening of the federal disaster response including natural disasters. This article surveys the response of U.S. federal agencies in times of disaster from the perspectives of both the National Security Law and the Disaster Law. The relationship between federal disaster response and information control is also considered.

## 2　ユネスコ「ブルーシールド」と日本の
## 文化財レスキュー活動──SDGs ゴール11との関係

　2015年9月の国連総会で採択された「持続可能な開発目標（正式名称：「誰一人取り残さない」持続可能で多様性と包摂性のある社会の実現のため、2030年を時限とする17の国際目標。Sustainable Development Goals. 以下「SDGs」という）」[40]のゴール11（都市：住み続けられるまちづくりを）が今、文化遺産防災の観点から注目されている。2015年12月に京都国立博物館で開催された「文化遺産防災国際シンポジウム」では、ユネスコが主導する「ブルーシールド（Blue Shield International. 青い盾）」[41]活動の詳細が紹介されると共に、さまざまなリスクを管理することによって文化遺産を「持続的遺産」とすることやSDGs ゴール11との関連性などが論じられた[42]。

　「ブルーシールド」は文化遺産の赤十字に相当するもので、具体的には、文化遺産や文化機関に被害を与えるような緊急事態に備え、実際に被害に起こった際に迅速に対応することを目的とするネットワークである。「国際記念物遺跡会議（International Council on Monuments and Sites: ICOMOS）」、「国際博物館会議（International Coun-

---

40　SDGs の概要は、外務省 HP から参照可能である。https://www.mofa.go.jp/mofaj/gaiko/oda/sdgs/pdf/about_sdgs_summary.pdf（最終閲覧日2019年9月8日）。

41　ブルーシールド HP https://theblueshield.org/（最終閲覧日2019年9月14日）。

42　高橋暁「ユネスコ・ブルーシールドの取り組みと日本の課題」国立文化財機構編集・発行『文化遺産防災国際シンポジウム報告書　文化遺産を大災害からどう守るか：ブルーシールドの可能性』（2017年）9頁、11頁。

cil of Museums: ICOM)」、「国際公文書館会議（International Council on Archives: ICA)」、「国際図書館連盟（International Federation of Library Associations and Institutions: IFLA)」、「視聴覚アーカイブ機関連絡協議会（Co-ordinating Council of Audiovisual Archives Associations: CCAAA)」など、国際 NGO がネットワークの中心となっているブルーシールド国際委員会は 1996年に設立されたが、年間予算がない、常勤職員がいない、所有する設備がないなど、赤十字に比べると制度が十分に整っていないのが現状である。ブルーシールドの起源は1954年の「武力紛争文化財保護条約（正式名称：武力紛争の際の文化財の保護に関する条約。以下「ハーグ条約」という）」採択時に同条約の正式標章として考案された「青い盾」にあり、1999年に採択された同条約の第2議定書が、「強化保護」概念や文化財の意図的な攻撃を戦争犯罪と見なす方針（1990年代の旧ユーゴスラビア紛争時の「文化浄化」に対する強い懸念がある）を打ち出すことを見込んで、1996年にブルーシールド国際委員会が設立された経緯がある。さらに、2008年に「ブルーシールド国内委員会協会（Association of National Committees of the Blue Shield: ANCBS)」が設立され、ブルーシールド国内委員会同士が国際的にも協働することになった結果、武力紛争時のみならず自然災害時の文化財保護も実行するという考えが採用された。ブルーシールドの保護対象は、①保護すべき遺跡、記念物、文化財、②文化財を収蔵している建築物（移動可能な文化財の場合）、③文化財保護に従事する人命、の大きく3つである[43]。武力紛争であれ自然災害であれ、文化財の保護活動に変わりはないという現在のブルーシールド

---

43　同上・10〜11頁、ピーター・ストーン「ブルーシールド」国立文化財機構編集・発行『文化遺産防災国際シンポジウム報告書　文化遺産を大災害からどう守るか：ブルーシールドの可能性』(2017年) 15〜17頁。

のスタンスが[44]、アメリカの連邦災害対応（本書第3章1参照）と共通することは興味深い。いずれも背景には、都市災害の大規模化がある。

　武力紛争時の文化財破壊についてブルーシールドは、文化財保護専門家と軍との関係の断絶が、甚大な被害を招くことをたびたび指摘してきた。実際、2003年の60余か国の連合軍によるイラク侵攻では、不必要に多くの文化財が被災したのみならず、イラク博物館の収蔵品が略奪される事態に及んだ。文化財保護専門家と軍との対話は、ブルーシールドが目下取り組んでいる大きな課題の1つである[45]。紛争で文化財が破壊される理由として、①計画の欠如、②戦利品、③軍事意識の欠如、④巻き添え被害、⑤略奪、⑥標的化、⑦20世紀に兵器の破壊力が増したことによる文化財への脅威の増大、の7つが指摘されている[46]。これらの理由の多くが、軍を対象とする訓練プログラムによって克服あるいは改善可能であることが、ブルーシールドの活動によって明らかになってきた。中でも、米国ブルーシールド国内委員会（以下「USBS」という）により頻繁に実施される訓練プログラムが、大きな効果を上げている。2003年のイラク侵攻の主導国だったアメリカは、イラクでの遺跡破壊について文化財保護専門家と軍との対話不足を痛感し、その反省からブルーシールド国内委員会の設立を決意したと言われる。USBSの第1の目的だったハーグ条約の批准は2009年に実現し、第2の目的である紛争

---

44　ストーン・前掲（注43）17頁。

45　同上・17頁、コリン・ウエグナー「非常時の文化遺産保護：米ブルーシールド国内委員会の米国におけるネットワーク」国立文化財機構編集・発行『文化遺産防災国際シンポジウム報告書　文化遺産を大災害からどう守るか：ブルーシールドの可能性』（2017年）21頁。

46　ストーン・前掲（注43）18〜19頁。

時の文化財保護に関する各種プログラムや法の整備も進められている[47]。第2次世界大戦中に連合軍によって設立された美術記念品・美術委員会「モニュメンツ・メン（Monuments Men）」[48]に参加した経験をもつアメリカ軍は、当時のモニュメンツ・メンの大半が軍民事部に所属していたことを受けて、現在も博物館、図書館、公文書館、遺跡などに関して軍指揮官に助言を行う文化財保護担当は、主として民事部将校が担っている。他方、環境や考古遺跡の破壊防止を想定した陣地設営、野営等の建設作業に関しては工学や環境学の専門家が担当し、遺跡や博物館収蔵品などに関連する教育および訓練を USBS が提供する。USBS による教育・訓練の一例として、「攻撃禁止」リストを中立的な立場から作成して軍に提供することにより、文化財の被災回避という法的義務を軍が遂行するのを助けること、スミソニアン協会（Smithsonian Institution）との共催プロジェクトの「災害アウトリーチプログラム」や、同協会の美術館での海兵隊員（U.S. Marine Corps）を対象とする美術品輸送時の梱包・包装指導などがある[49]。軍所属の文化財保護専門官が存在し、文化財保護について国防総省（DOD）が最も主導的な役割を果たすアメリカでは[50]、文化財保護政策が国土安全保障の一貫として捉えられており、文化財の被災も都市災害の一面として予め想定されていることによって、十分な連邦災害対応が可能になっていると考えられ

---

47　ウエグナー・前掲（注45）22頁。

48　ストーン・前掲（注43）16頁。「モニュメンツ・ウィメン（Monuments Women）」も存在する。なお、モニュメンツ・メンをテーマにした映画として、ジョージ・クルーニー監督／主演『ミケランジェロ・プロジェクト（原題：The Monuments Men）』（2014年公開）がある。

49　ウエグナー・前掲（注45）23〜24頁。

50　同上・22頁。

る。なお、武力紛争時の文化財破壊理由⑦との関連で、AI・ロボット兵器の導入によって兵器の精度が上がることに伴うプラスの変化の可能性（誤爆が減るなど）が指摘されることがあるが[51]、むしろドローンを駆使した遺跡3Dモデルのバーチャル保存を含めて[52]、建設的な方向でのAI・ロボット活用を先に検討すべきであろう。

　2011年3月の東日本大震災以後、日本でもブルーシールド国内委員の設立が論じられるようになってきた。他方、大震災後の日本の文化財レスキュー活動が、世界的に注目されている。1995年1月の阪神・淡路大震災後、国や地方自治体などの行政機関と連携して活動するボランティアグループが歴史や文化財保護の専門家たちによって結成され、さまざまな人々によって被災文化財のレスキュー活動やドクター活動が展開された[53]。大規模災害における被災文化財の支援という意味で初めての取り組みとなったこれらの活動は[54]、2003年7月の宮城県北部地震後に結成された「宮城歴史資料保全ネットワーク（略称は「宮城資料ネット」）」[55]や2007年7月の新潟県中越沖地震後の文化財救出[56]など、全国各地での被災文化財のレ

51　ストーン・前掲（注43）19頁。
52　久末弥生『考古学のための法律』（日本評論社、2017年）113頁注55。
53　兵庫県立歴史博物館編集・発行「特別企画展　阪神・淡路大震災20年　災害と歴史遺産——被災文化財等レスキュー活動の20年——兵庫県域関係展示分図録」5頁。
54　日高真吾「生活文化の記憶を取り戻す——文化財レスキューの現場から」木部暢子［編］『災害に学ぶ——文化資源の保全と再生』（勉誠出版、2015年）182頁。
55　宮城資料ネットについては、宮城歴史資料保全ネットワーク「平成17～18年度　文化庁委嘱事業「文化財の震災保護対策に関する調査研究事業」報告書」（2007年）という詳細な報告書がある。
56　柏崎市立博物館による詳細な報告書である、柏崎市立博物館・柏崎ふる

スキュー活動につながり、2011年3月の東日本大震災における被災文化財等救出活動の基礎の1つにもなった[57]。文化財レスキュー活動を含めて、日本の災害対応政策は「復興」志向が強い。地震、台風、豪雨、洪水など厳しい自然災害に絶えず晒される災害大国であるがゆえだが、同じく自然災害大国のオーストラリアでは、2005年設立の豪ブルーシールド国内委員会（以下「BSA」という）が地域レベルの災害対応ネットワークの構築を通じて地域レベルの文化財の強靭化を主導しているという。文化財に打撃を与えかねない自然災害への意識を高め、備え、緊急対応し、リスク管理を推進する非常に重要な組織として、BSAが位置づけられているのである[58]。武力紛争時の文化財破壊への対応経験はないものの、自然災害時の文化財保護の経験が豊富なBSAの打ち出す災害対応政策は、事後対応型の日本の文化財レスキュー活動に事前防災の視点を加える上で示唆に富むだろう。

　SDGsゴール11との関係では、まちづくりに直結する概念という意味で、「復興」志向も高く評価されることになるだろう。なお、まちづくり分野では従来から「防災まちづくり」として、災害に備えた防災のためのまちづくり、ひいては防災の視点をもって総合的な質の高いまちを実現することが活発に論じられてきたが[59]、「防

　　さと人物館「柏崎市立博物館調査報告書第5集　文化財たちの「復興」
　　──博物館がみた中越沖地震──」（2010年）がある。
57　兵庫県立歴史博物館・前掲（注53）5頁。
58　スー・ハトリー「豪ブルーシールド国内委員会：10年間の防災活動
　　（2005〜2015年）」国立文化財機構編集・発行『文化遺産防災国際シンポジ
　　ウム報告書　文化遺産を大災害からどう守るか：ブルーシールドの可能
　　性』（2017年）31〜33頁。
59　日本建築学会編『安全・安心のまちづくり（まちづくり教科書第7巻）』
　　（丸善、2005年）26頁。

災」中心の災害対応では限界が否めないとして、震災復興に取り組んできた活動経験を踏まえた「復興の備え」も、近年は論じられるようになってきた[60]。また、被災者のリーガル・ニーズから帰納される被災者の生活再建の達成を支えるための災害復興法制を探る、「災害復興法学」という新たな学問分野も意欲的に提唱されている[61]。こうした動きを意識しながら、都市災害による被害の中に文化財の被災を明確に位置づけた上で、文化財保護のための災害対応政策をアップデートすることが、大規模都市災害を乗り越えて将来の世代に文化財を託すための必須課題と言えるだろう。

---

60　阪神・淡路まちづくり支援機構編集・発行／阪神淡路20年事業（ひょうご安全の日推進県民会議助成事業）「1.17〜3.11来たるべき災害に備える連携力——士業の社会的役割を考える——シンポジウム記録集」（2015年）1頁。

61　岡本正『災害復興法学の体系——リーガル・ニーズと復興政策の軌跡（KDDI総合研究所叢書7）』（勁草書房、2018年）388〜389頁。なお、2016年4月の熊本地震におけるリーガル・ニーズを検討する文献として、「特集　熊本震災と法・政策」『法学セミナー』通巻749号（2017年）19〜42頁がある。

第 4 章

世界文化遺産の保護をめぐる課題

# 1 パリ・ノートルダム大聖堂の大火災——尖塔再建 デザインと2019年の「ノートルダム大聖堂保全修復法」

## ⑴ ユネスコ世界文化遺産「パリのセーヌ河岸」とノートルダム大聖堂

2019年4月15日のパリ・ノートルダム大聖堂（Cathédrale Notre-Dame de Paris）の大火災のニュースは、世界に衝撃を与えた。有形の文化財を保存する上で、あらゆる災害のうち火災が最も恐ろしいことは、日本でも古くから定着した認識である。美術工芸品の大部分は可燃物によって構成されているので容易に焼失するし、一部焼損にとどまっても完全復旧は不可能だからである[1]。ノートルダム大聖堂の火災は現地時間18時52分（日本時間16日1時52分）に発生し、19時53分には高さ96メートルの尖塔が崩落した[2]。「エッフェル塔はパリ、ノートルダムはフランス」というフレーズに象徴されるように、フランスと不可分な大聖堂の炎上にフランス中が動揺したと伝えられた[3]。

「ノートル・ダム（わたしたちの貴婦人）」すなわち聖母マリアに捧げられたノートルダム大聖堂は、同じシテ島に位置するサント・

---

1 半澤重信『文化財の防災計画——有形文化財・博物館資料の災害防止対策——』（朝倉書店、1997年）39頁。なお、日本国内の焼失文化財を網羅した文献として、文化庁編『【新訂増補】戦災等による焼失文化財2017——昭和・平成の文化財過去帳』（戎光祥出版、2017年）がある。

2 Patrick Jaulent, Notre-Dame: Pas de fumée sans feu…, Polar choc (2019) p.3.

3 フランス人作家カミーユ・パスカル氏インタビュー、読売新聞2019年11月15日付。

シャペル（Sainte-Chapelle）、セーヌ川右岸のルーヴル宮（ルーヴル美術館、Palais du Louvre）、セーヌ川左岸のカルチェ・ラタン（Quartier Latin）などと共に、「パリのセーヌ河岸（Paris, Banks of the Seine）」として1991年にユネスコ世界文化遺産に登録された[4]。なお、1972年の世界遺産条約には罰則規定はないが、世界遺産の保有国が当該物件を自国の法制度で保護する責務を担うため、世界遺産の損壊については各国の国内法制に基づいて対処することになる[5]。フランスでは通常、「歴史記念物に関する1913年12月31日法（Loi du 31 décembre 1913 sur les monuments historique. 通称は「歴史記念物保護法」)」による歴史記念物保護指定（本書第2章3(2)参照）が、文化遺産の恒久保存に最も効果的な法的手段となる[6]。しかし、フランスを象徴する建造物の1つであるノートルダム大聖堂が前例のない大火災に襲われたという非常事態を踏まえて、フランスでは2019年7月に、「パリ・ノートルダム大聖堂の保全および修復とそのための全国寄付金を創設するための2019年7月29日法(1)（Loi n° 2019-803 du 29 juillet 2019 pour la conservation et la restauration de la cathédrale Notre-Dame de Paris et instituant une souscription natinale à cet effet (1). 以下「ノートル

---

4　ユネスコ世界文化遺産としての「パリのセーヌ河岸」を扱った映像資料として、TBS『THE世界遺産スペクタクルシティ　パリの魔術（ディレクターズカット　デジタルリマスタースペシャルエディション)』（ソニー・ピクチャーズエンタテイメント、2010年）、TBS『世界遺産　フランス編　パリのセーヌ河岸／モン・サン・ミシェルとその湾』（アニプレックス、2008年）などがある。

5　日本ユネスコ協会連盟編『ユネスコ世界遺産年報2006 No.11』（平凡社、2006年）50頁。

6　フランスにおける遺跡を含む文化遺産の保護のための国内法制の詳細は、久末弥生『考古学のための法律』（日本評論社、2017年）88〜89頁参照。

ダム大聖堂保全修復法」という）」という新たな国内法が制定された。

　ノートルダム大聖堂保全修復法の制定に先立ってフランス国内で
は、崩落した尖塔の再建デザインをめぐって、マクロン大統領、
フィリップ首相（Édouard Charles Philippe, 1970-）、イダルゴ市長
（Anne Hidalgo, 1959-）、フランス元老院（Sénat. 上院）などが関与する
かたちで大きな議論が展開された。そもそも現在のノートルダム大
聖堂は、３代目である。聖母マリアに捧げられた聖堂は、775年の
シャルルマーニュ帝（Charlemagne, 742-814. 別名はカール大帝）の証書
に言及があることから８世紀には既に存在していたが、857年のノ
ルマン人の侵略による破壊後により大きなスケールで２代目の聖堂
が再建され、1123年にはルイ６世（Louis Ⅵ, 1081-1137）が屋根の維
持のための基金を寄付するなど、フランス王家、パリの貴族、商人
たちの献金により徐々に豊かになっていった。それまでパリの主要
な聖堂であったサンテティエンヌ聖堂（聖ステファヌスに捧げられた聖
堂）に代わる大聖堂として、1163年頃にパリ司教モーリス・ド・
シュリー（Maurice de Sully, ? -1196）によって建造され始めたのが３
代目で、全体が完成されたのは1250年だという[7]。全長127.5メート
ル、身廊の高さ32.5メートル、その幅12・5メートルという壮大な
スケールのノートルダム大聖堂は初期ゴシック建築の傑作として知
られるが、尖塔は実はそれほど古くない[8]。13世紀半ばに行われた
大幅な改築の際、屋根に尖塔が建設されたが、ゴシック建築を野蛮

---

7　馬杉宗夫『パリのノートル・ダム』（八坂書房、2002年）21〜23頁。な
　　お、建築学の観点から、12世紀から14世紀における「大聖堂（カテドラ
　　ル）」の一般的な建造過程を絵本のかたちで解説する文献として、デビッ
　　ド・マコーレイ作／飯田喜四郎訳『カテドラル——最も美しい大聖堂ので
　　きあがるまで——』（岩波書店、1979年）がある。
8　前田恭二「ノートルダムの「文化財革命」」読売新聞2019年７月18日付。

で醜いものとする風潮が拡大した18世紀末、落雷による度重なる炎
上で傷んでいた初代の尖塔も切り落とされた。しかし、ヴィクト
ル・ユゴー（Victor-Marie Hugo, 1802-1885）の小説『ノートルダム・
ド・パリ（Notre-Dame de Paris)』（1831年）の大ヒットもあり、19世
紀になると中世ゴシックが再評価されるようになり、19世紀半ばか
ら建築家ヴィオレ・ル・デュク（Eugène Emmanuel Viollet-le-Duc,
1814-1879）の設計によって尖塔（2代目）が復元されたのである[9]。
実際、著者が所有する、写真家エドゥアール・バルドゥス
（Édouard Denis Baldus, 1813-1889）が1853年に撮影したノートルダム
大聖堂の写真プリントに、尖塔の姿はまだない。19世紀末は、後の
歴史記念物保護法（1913年）の土台となった「歴史記念物と工芸品
の保護に関する1887年3月30日法（Loi du 30 mars 1887 sur la conserva-
tion des monuments historique et des objets d'art)」が制定されるなど、
フランスの文化財保護法制の萌芽期でもあった[10]。

　尖塔崩落直後の2019年4月15日20時5分に「炎に包まれたパリの
ノートルダム。フランス全土の震撼。全カトリック教徒と全フラン
ス人を思う。全同国人と同じように、われわれの一部が燃えるのを
目撃する今夜、私は悲しんでいる。」とツイートしたマクロン大統
領は[11]、駆け付けた火災現場でノートルダム大聖堂再建のための寄
付を世界に呼びかけ、翌16日のテレビ演説では「5年以内の再建を
目ざす」旨を明言すると共に「大聖堂はより美しくなって復元され

<hr>

9　加藤耕一「修復へ尖塔研究慎重に」読売新聞2019年4月25日付。
10　フランスにおける遺跡を含む文化遺産の初期の保護法制については、久
　　末・前掲（注6）75頁参照。なお、1897年には日本でも、国内最初の文化
　　財関連法制である「古社寺保存法」が制定された（本書第1章注3参照）。
11　Jaulent, supra n.2 pp.10-11.

るべきだ」との意向を示した。この再建に関連してフィリップ首相が、崩落した尖塔の再建デザインを決める国際建築コンペを開く考えを示したことから、原状回復派と近代建築派が対立することになった。ユネスコ世界文化遺産との関連では、1964年の「ヴェネツィア憲章（International Charter for the Conservation and Restoration of Monuments and Sites: The Venice Charter. 記念建造物および遺跡の保全と修復のための国際憲章)」により、記念建造物（monument）を修復する場合はオリジナル性の尊重が強く求められる。具体的には、修復（restoration）について規定する同憲章第9条から第13条までの遵守が求められる。

● ヴェネツィア憲章

　（第9条から第13条までの和訳は日本イコモス国内委員会による。なお、傍点は著者による。また、〔　〕内は著者が補った部分である。)[12]

**第9条**

　修復は高度に専門的な作業である。修復の目的は、記念建造物の美的価値と歴史的価値を保存し、明示することにあり、オリジナルな材料と確実な資料を尊重することに基づく。推測による修復を行ってはならない。さらに、推測による修復に際してどうしても必要な付加工事は、建築的構成から区〔別〕できるようにし、その部材に現代の後補を示すマークを記しておかなければならない。いかなる場合においても、修復前および修復工事の進行中に、必ずその歴史的建造物（monument）についての考古学的および歴史的な研究を行うべきである。

---

12　ヴェネツィア憲章の英語原文と和訳全文は、日本イコモス国内委員会HPから参照可能である。http://www.japan-icomos.org/charters/venice.pdf（最終閲覧日2019年9月16日）。

## 第10条

　伝統的な技術が不適切であることが明らかな場合には、科学的なデータによってその有効性が示され、経験的にも立証されている近代的な保全、構築技術を用いて、記念建造物の補強をすることも許される。

## 第11条

　ある記念建造物に寄与したすべての時代の正当な貢献を尊重すべきである。様式の統一は修復の目的ではないからである。ある建物に異なった時代の工事が重複している場合、隠されている部分を露出することは、例外的な状況、および、除去される部分にほとんど重要性がなく、露出された部分が歴史的、考古学的、あるいは美的に価値が高く、その保存状況がそうした処置を正当化するのに十分なほど良好な場合にのみ正当化される。問題となっている要素の重要性の評価、およびどの部分を破壊するかの決定は、工事の担当者だけに任せてはならない。

## 第12条

　欠損部分の補修は、それが全体と調和して一体となるように行わなければならないが、同時に、オリジナルな部分と区〔別〕できるようにしなければならない。これは、修復が芸術的あるいは歴史的証跡を誤り伝えることのないようにするためである。

## 第13条

　付加物は、それらが建物の興味深い部分、伝統的な建築的環境、建物の構成上の釣合い、周辺との関係等を損なわないことが明白な場合に限って認められる。


　ノートルダム大聖堂の修復に関しては上記条文の下線部分が特に問題となりうるが、2019年4月のマクロン大統領との会談でユネスコ代表団は、大聖堂再建について科学技術の進歩による何らかの変

化を認めるかたちでの支援を表明した。尖塔の再建デザインについて近代建築派のマクロン大統領やフィリップ首相に対して、イダルゴ市長や元老院は原状回復派とされ、特に元老院は原状回復法案を何度もまとめたが国会通過には至らなかった。フランス国民を巻き込む大議論の末に制定されたのが、ノートルダム大聖堂保全修復法だった。

### ⑵　ノートルダム大聖堂保全修復法と尖塔再建

　ノートルダム大聖堂再建のための寄付金は、大火災直後に申し出のあったイダルゴ市長（5,000万ユーロ）、LVMH（モエ・ヘネシー・ルイ・ヴィトン）グループ創業のアルノー家（2億ユーロ）、石油大手「トタル（TOTAL）」のプヤンヌ CEO（1億ユーロ）、高級ブランドのグッチなどを擁する「ケリング（Kering）」創業のピノー家（1億ユーロ）、建設大手「ブイグ（Bouygues）」（1,000万ユーロ）、広告代理店大手「デコー（Decaux）」（2,000万ユーロ）、化粧品大手「ロレアル（L'Oréal）」（2億ユーロ）に加えて、建設大手「ヴァンシ（Vinci）」などのフランス企業のみならず、世界中から申し出が続いている[13]。しかし、大火災から3か月後の2019年7月15日時点で、申し出のあった寄付金のうち実際に払い込まれたのは約1割に過ぎず、ノートルダム大聖堂の再建が遅れることも懸念されている[14]。先述の尖塔再建デザイン問題の決着という側面に加えて、ノートルダム大聖堂保全修復法の正式名称が示すように、寄付金回収のてこ入れという切実な側面が同法にあることは明らかである。以下、ノートルダ

---

13　Jaulent, supra n.2 p.28, 読売新聞2019年4月17日付。
14　日本経済新聞2019年7月17日付。

ム大聖堂保全修復法全10条の和訳を試みたい。


《和訳》
● パリ・ノートルダム大聖堂の保全および修復とそのための全国寄付金を創設するための2019年7月29日法⑴

　　（全10条の和訳は著者による。なお、傍点は著者による。また、〔　〕内は著者が補った部分である。)¹⁵

第1条

　パリ・ノートルダム大聖堂の保全および修復のために、全国寄付金が2019年4月16日から開設される。

それは、フランス共和国大統領の強い指揮下に置かれる。

第2条

　全国寄付金として集められた資金は、パリ・ノートルダム大聖堂の保全および修復の工事や、国が所有者であるその家具調度類への出資、そしてこの工事で求められる特別資格をもつ専門労働者の初期のおよび継続的な育成に、もっぱら割り当てられる。

　本条の第1段落で述べる全国寄付金として出資されるノートルダム大聖堂の保全および修復の工事は、記念建造物の歴史的、芸術的、建築的な価値を保存する。

第3条

　フランスに居住するか所在地を置く自然人あるいは法人によって、〔そして〕ヨーロッパ連合の他の加盟国あるいは他の外国において、国庫や、《フランス財団》、《文化遺産財団》、《ノートルダム財団》という公益を広く認められた財団のような全国記念建造物センターに対して、全国寄付金として2019年4月16日以後に行われる

---

15　ノートルダム大聖堂保全修復法のフランス語全文は、レジフランスHPから参照可能である。https://www.legifrance.gouv.fr/eli/loi/2019/7/29/MICX1911677L/jo/texte（最終閲覧日2019年9月16日）。

寄付や払い込みの収益は、国あるいはパリ・ノートルダム大聖堂の保全および修復を確保するのに最適な公施設に移される。

移転方式は将来に備えた協定の対象となりうるし、寄付者の情報も同様である。

### 第4条

　地方自治体および地方自治体連合は、国あるいはパリ・ノートルダム大聖堂の保全および修復を担当する公施設に対して、全国寄付金の払い込みを行うこともできる。

### 第5条

　特別な所得あるいは収益の放棄を含めて、国庫、全国記念建造物センター、あるいは本法第3条で述べる財団に対して、2019年4月16日から2019年12月31日までの間にパリ・ノートルダム大聖堂の保全および修復のために行われた寄付や払い込みについて、一般租税法典第200条の1で規定する減税額は75%になる。この払い込みは、1,000ユーロの限度に制限される。同法典同条の1で述べる課税所得の20%という限度は、適用を考慮されない。

### 第6条

　2020年9月30日までに、政府は国会に、全国寄付金として行われた寄付や払い込みの総額を、フランスに居住するか所在地を置く自然人あるいは法人、ヨーロッパ連合の他の加盟国あるいは他の外国に対して、明確にする報告書を提出する。この報告書は、地方自治体および地方自治体連合によって行われた払い込みのリストも明らかにする。それは、一般租税法典第200条および第238条の2で述べる減税をもたらしている寄付や払い込みの総額の報告をする。それは最後に、本法第5条で規定する減税率を享受している寄付や払い込み、そして同法5条で規定する1,000ユーロの制限を超える自然人の寄付の総額を明確にする。

### 第7条

　全国寄付金の終了は、デクレ（décret. 政令）によって宣言される。

**第8条**

　国あるいは公施設は集められた資金を管理するのに最適であるし、会計院の検査を害することなく、会計院長補佐委員会に報告しながら、国民議会および元老院の常任委員会の議長、あるいは委員会内部で選ばれた議員たちが、財政および文化を担当する。

第1段落で述べる国あるいは公施設は、集められた資金の総額、それらの出所、割当て、消費を引用する報告書を毎年公表する。

**第9条**

　Ⅰ．文化を担当する大臣の監督下に置かれ、行政の性質をもつ、国の公施設が創設される。

この施設は、パリ・ノートルダム大聖堂の保全および修復に一致協力する調査や活動の指導、調整、実現を確保することを使命とする。それは、商人や沿道の住民の状況を考慮することに留意する。

文化遺産法典 L. 621-29-2条の第1段落の適用除外によって、施設はこの工事の仕事に制御を及ぼす。

その上、〔次のことが〕できる。

　1°　大聖堂を引き立たせてアクセスを改善することを意図した、パリ・ノートルダム大聖堂の即時の環境整備の工事を実現する。そのために、パリ市と仕事の親方の契約を通すことができる。

　2°　大聖堂の保全、修復、活用の工事の実現のための専門労働者育成に関して、需要を特定する。

　3°　省庁やその管轄のオペレーターとのつながりの中で、全国民に対して、そのために一致協力する芸術や文化遺産の職業のように、保全および修復の工事の文化、教育、調停、活用のプログラムを練り上げ、利用する。

　Ⅱ．施設は、施設長のほかに、メンバーの半分が国の代表である理事会によって運営される。それは、管轄や職務を理由に選ばれた重要人物、パリ市の議員たち、政教分離に関する1905年12月9日法第13条の尊重において宗教の公的な行使に関する1907年1月2日法

第5条の適用における割当て宗教〔関係者〕、施設の職員も含む。

　Ⅲ．施設長はデクレによって任命される。彼は理事会の議長を務め、施設を指揮する。彼は、公職および公的部門における定年に関する1984年9月13日の84-834号法第1条と国防法L. 4139-16条で定める、定年の法原則に規制されない。

　Ⅳ．学術会議が施設長の下に置かれ、パリ・ノートルダム大聖堂の保全および修復に関する調査や活動について諮問される。

　Ⅴ．施設の資金は〔次のものから〕形成される。

　1° 国の補助金、特に大聖堂の保全および修復の工事代金を賄うために公施設の創設以前に国によって直接保証された出資、そして国が所有者であるその家具調度類への出資の準備金のかたちで、本法で規定された寄付金を出所とする協力資金の収益結果。

　2° 他の公法人あるいは私人の補助金。

　3° 他の寄付および遺贈。

　4° メセナや後援の収入。

　5° 契約や協定の収益。

　6° 動産および不動産、自由に使える不動産の短期的公用占用の許可割合に由来する使用料。

　7° 法および規則によって許可された、他の全収入。

　Ⅵ．施設の職員は、官吏、公権力をもたない公務員、労働法典によって規定されるサラリーマンを含む。職員たちの諸問題や全体にとって有利な案を知ることを管轄とする、施設および労働条件の委員会が、施設長の下に設けられる。それは、労働法典第2部第3巻第1編第2章で規定される。

　Ⅶ．施設の予示者が、首相のデクレによって任命される。このデクレはまた、実現できる公施設の働きに必要な活動も定める。
予示者の職務は、施設長の任命〔時〕に終わる。予示者は理事会に、自分の任命〔時〕から自分が指揮し公施設によって修繕されたと見なされる活動を、最初の会議で報告する。

Ⅷ．コンセイユ・デタ（行政裁判の最上級裁判所）のデクレが、本条の適用要件を定める。

デクレが、公施設の解散の年月日および方式を定める。

**第10条**

文化遺産・建築全国委員会が、工事調査の進捗について定期的に通知され、意見を求められる。

**第11条**

Ⅰ．地下を含めて、パリ・ノートルダム大聖堂の保全および修復と即時の環境整備に直接つながる活動に対して。

1° 文化遺産法典 L. 523-9条の適用除外によって、同法典 L. 523-1条で述べる公施設は、この工事の範囲内で必要な考古学発掘の回復を実現する責任があるオペレーターになる。

2° 同法典 L. 632-2条のⅡの適用除外によって、仮の設置あるいは建設に関してフランス建物建築家（ABF）[16]と意見が対立する場合に争訟について決定を下す行政機関は、文化遺産や建築物に関する地方委員会の協議を免除される。

3° 環境法典 L. 581-4条のⅠの1°で規定する歴史記念物[17]として分類あるいは登録された大きな建物について、同法典 L. 581-3条の1°の意味での全広告の禁止が、パリ・ノートルダム大聖堂の建設現場に適用される。

しかしながら、広告が商業的性質を示さず、工事について国民に知らせ、国民の注意を引き、工事を行う専門労働者の初期のおよび

---

16　「フランス建物建築家（ABF）」は歴史的建物の管理に特化した建築家であり、文化省所属の国家公務員として県に配置される。フランスの建築大学や建築学校の学生たちが憧れる、エリート職でもある。ABF 意見は大きな影響力をもつが、異議の対象になることもある。Jean-Michel Leniaud, Droit de cité pour le patrimoine, Presses de l'Université du Québec (2013) p.278. 都市計画事業の中で遺跡を保護するための法的手段における ABF の役割については、久末・前掲（注6）88〜89頁参照。

17　本書第2章3⑵参照。

継続的な育成を引き立たせ、あるいは寄付者を記載するのをもっぱ
ら目的とするならば、文化遺産法典 L. 621-29-8条の第1段落で規
定する要件において、許可される。

　4°　環境法典 L. 581-8条の I の1°および4°と広告に関する地方規則
の適用除外によって、同条 I の3°の第2段落の意味での広告が、建
設現場の柵で許可される。
同条4°の第1段落も、建設現場用地内に位置する、仮のあるいは最
終的な全設備に適用される。

　II．建設現場の文化的、芸術的、教育的活用のために、そして公
法人財産一般法典 L. 2124-31条で規定する宗教に割り当てられる大
建造物へのアクセスおよび利用に関する法原則を害することなく、
そして政教分離に関する1905年12月9日法第13条と、宗教の公的な
行使に関する1907年1月2日法第5条に由来する、宗教の行使のた
めの大建造物の割当ても〔害することなく〕。

　1°　公法人財産一般法典 L. 2122-1-1条の適用除外によって、正当
な利益の表明を許す自然な権原の引渡しと、決定に先立って潜在的
な候補者に割当ての一般要件を知らせる、事前の広告の後に、管轄
機関は経済活動の実施のために行政財産の占有あるいは利用を許可
できる。

　2°　同法典 L. 2125-1条の第1段落の適用除外によって、管轄機関
は行政財産の占有権原を無料で引き渡すことができる。

　III．憲法典第38条で規定する要件において、政府はオルドナンス
（命令）によって、本法の審署から1年以内に、最良の時期と十分な
安全環境の中で、地下を含めて、パリ・ノートルダム大聖堂の保全
および修復と即時の環境整備の工事活動、そして工事の活用につい
ても、実現を助ける性質の法分野に属する全規定を定めることがで
きる。また、工事および関連活動に適用する規則を〔工事〕活動の
特性に適合させるために、修復工事に整備、仕事、役立つ設備の実
現を特に含むことができるし、あるいは建設現場の期間に国民に対

応するために、建設現場への供給を可能にする工事や輸送も〔含む
ことができる〕。

　この目的の達成に必要な厳密な措置において、特に、計画文書の
両立、必要な許可の交付、そして適用する手続きや期日について
も、オルドナンスは道路、環境、都市計画に関して法原則の適用あ
るいは適用除外を定めることができる。

　本条Ⅲを根拠に定められるオルドナンスの規定は、フランスと
ヨーロッパのおよび国際的な約束を害することなく、特に、健康、
安全、公衆衛生に関して、そして自然、環境、景観の保護について
も、2004年の環境憲章によって公布された一般原理を尊重し、環境
法典 L. 181-3条、L. 211-1条、L. 511-1条で言及される利益の保護を
保証する。

　追認のための政府提出法案が、各オルドナンスの公布から3か月
以内に国会に提出される。

本法は国家法として施行されることになる。


　このように、ノートルダム大聖堂保全修復法は、全国寄付金によ
る資金調達手法について詳細に定めると共に、文化遺産の保全・修
復工事を担う専門労働者の育成を強く意識した内容となっている。
特に、ノートルダム大聖堂保全修復法が重要視する専門労働者の人
材育成は、日本の文化財保護の現場にも共通する課題と言える。

　2019年9月には日本でも、ノートルダム大聖堂の大火災を踏まえ
て文化庁が、国宝や重要文化財に指定された建物の防火対策指針を
まとめたことが報道された。必要な消火設備の設置や老朽化した設
備の交換を所有者に求め、日常的なチェック態勢を強化することを
柱とする一方で、ユネスコ世界文化遺産と国宝について、市区町村
の現地調査と結果報告を要請したという。同指針は、消防法で設置

を義務づけられている自動火災報知機や消火器に加えて、感震ブレーカーや貯水槽などの設置、さらに消火活動の手順や障害物の撤去などを消防や近隣住民と事前に協議しておくことなどを求める。また、国宝や重要文化財の美術工芸品を所蔵する博物館向けの指針も作成し、電気火災や不審火を防ぐための点検・交換、巡回・施錠など警備態勢の強化を求めている[18]。文化庁によるこれらの新たな指針は、2018年の文化財保護法改正に多く見られる防災への言及（本書第1章3参照）を、より具体化かつ明確化するものと位置づけることができるだろう。

　ノートルダム大聖堂の大火災から6か月後の2019年10月、ノートルダム大聖堂保全修復法3条にも言及がある「文化遺産財団（Fondation du patrimoine）」が、募金や寄付契約の収支、工事の進捗などについての詳細を公表した。1996年設立の文化遺産財団は、フランスの身近な遺産の保存と活用のために尽力することを認められた、最初の民間団体である。文化遺産財団は、不動産、動産、自然空間の遺産の修復および活用の計画についてアソシアシオン（association. 非営利団体）、地方自治体、企業、私人を結集し、ラベル[19]、寄付金、メセナ（mécénat. 芸術・文化の庇護）を通じて、修復事業への資金提供について公的および非営利的な所有者を助け、工事の全部

---

18　日本経済新聞2019年9月3日付。
19　例えば、ノートルダム大聖堂の大火災後すぐに、文化遺産財団はユニバーサルミュージックフランス（Universal Music France）と共にチャリティーCDクラシックアルバム『ノートルダム／聖なる音楽（Notre-Dame: Les plus grands airs de la musique sacrée)』を制作した。ノートルダム大聖堂のオルガニストだったピエール・コシュロー（Pierre Cochereau）やオリヴィエ・ラトリー（Olivier Latry）のノートルダム大聖堂で録音された演奏などが収録された同CDは、日本国内でも販売された。

または一部を免税にすることを民間の所有者に可能にさせる。また、企業のメセナを積極的に企画している[20]。文化遺産財団による2019年10月14日付公表資料によると、同年4月15日夜から呼びかけを始めた同財団への募金総額は、個人の寄付が152か国23万4,000名から2億4,600万ユーロ（うち外国人1万8,500名から1,900万ユーロ）、地方自治体の寄付が178団体から4,300万ユーロに上るという。2019年7月29日に、国と文化遺産財団の間で署名された枠組み契約によって、同財団は大聖堂の緊急工事のために文化大臣に対して最初の4,500万ユーロの払い込みを行うと共に、大規模なメセナそれぞれとの出資契約を進めることができるようになった。慣例に従って、契約は、文化遺産財団が資金を呼びかけ、各ユーロの裏付けを確認しながら、各部分の予算見通しを検討し、工事に応じて資金を国に移転することを定める。2019年10月現在、文化遺産財団は大聖堂のための寄付の呼びかけを終了し、新たな全国募金《このようなことは二度と！（Plus jamais ça !)》を始めた。同募金は、ノートルダム大聖堂に限らず、最も脅かされている文化遺産の場所を安全にすることを目ざして緊急資金を供給するというものであるが[21]、フランス国内で近年多発しているテロ事件を意識したものと考えられる。

　文化遺産財団による2019年10月15日付公表資料は、「火災から6か月、大きなステップがノートルダムを待つ」と伝えた。ノートル

---

20　文化遺産財団HP「文化遺産財団とは何か」https://www.fondation-pat-rimoine.org/fondation-du-patrimoine/qui-sommes-nous（最終閲覧日2019年10月20日）。

21　文化遺産財団HP「ノートルダム火災から6か月：募金や寄付契約の収支」https://www.fondation-patrimoine.org/l-actualite/liste-des-actu-alites/six-mois-apres-l-incendie-de-notre-dame-bilan-de-la-collecte-et-des-promesses-de-dons（最終閲覧日2019年10月20日）。

ダム大聖堂の建設現場には、これまでに39企業が参加しており、職業団体の典型として、石工、鉄工業者、クレーン作業員、足場組立職人、彫刻家、ステンドグラス職人、分析を行う研究所、警備員、汚染除去の専門家などが挙げられる。大聖堂内の瓦礫の約8割は既に撤去された上で、分類、保管された。具体的には、大きく3つの建設作業が進められている。まず、丸天井の修復である。大聖堂の上部に位置する丸天井は、大火災によって大きな被害を受け、複数の部分が破壊された。もっとも、丸天井の崩落はすべて、骨組み部分を落下させる連続的な衝撃によって生じたのであって、丸天井にもっと大きなダメージを与える火の影響によるものではなかったとされる。崩落部分に隣接する部分のぐらつきや、火の実際の影響が、丸天井の現実の持続可能性に対する脅威となるかが、現在は検討されている。次に、足場の解体である。崩落した尖塔を取り囲む足場は、大火災の発生前から、尖塔の修復作業のために組まれていた。総重量250トンになるこの足場を構成する5万個のパイプは、大火災の極限の熱さの中、800度以上で溶接された。解体作業は大聖堂の十字交差部に固定された足場の分解を予定していることから、大聖堂自体の崩壊のリスクがあり、変化を追跡し、建設現場と沿道の住民の安全を確保するために、センサーが設置された。最後に、ステンドグラスの保全である。3つのうち2つのバラ窓は大火災による被害を免れたが、保全目的と建設現場の実際的な問題に対応するために、一群の高い部分および身廊のステンドグラスはすべて取り外され、ステンドグラス職人の下に保管された。以上、3つの建設作業に加えて今後は、

- 科学警察（police scientifique）や DRAC（Direction régionale de affaires culturelles. 地域文化振興局）の地域考古課（service région-

ノートルダム大聖堂の西側正面
（2014年 6 月撮影）

セーヌ川から見るノートルダム大聖堂の東側（2014年11月撮影）

※大火災後の状況は本書《資料 1 》 1 参照

al d'archéologie : SRA）と連携して、丸天井のアーチ上の残骸を除去する。

- 診断を始めることができるように、丸天井を掃除する。
- 身廊を安定させるために、金属製の締め紐を設置する。

といった作業が予定されている。また、ノートルダム大聖堂の建設現場は、大聖堂建立当時の職人仕事を明らかにする機会である一方で、モデル化や数値データに基づいて骨組みやさまざまな要素の方向を定める場でもある。他にも、石の出所について研究することで採石場を捜し出し類似の石材を見つけようとしたり、骨組みの断片の研究によって1400年より前の気候についての知見を深めようとしたりと、科学者と職人のさまざまな連携が進められている[22]。ノートルダム大聖堂保全修復法の下、実際の保全および修復がどのように展開されていくのか、資金調達とその収支、尖塔再建の行方を含めて、動向が一層注目される。

## 2　首里城火災——復元文化財と防火対策

2019年10月31日未明、首里城の火災が報じられた。夜空の中で炎上し、次々と焼け落ちていく首里城のニュース映像は、同年4月のパリ・ノートルダム大聖堂の大火災という悪夢を思い出させる衝撃的なものだった。一連の報道によると、10月31日午前2時34分に、正殿に設置された自動火災報知機が北側付近の異常を感知して警報が作動し、午前2時41分に警備会社が119番通報、午前2時48分に

---

22　文化遺産財団HP「パリのノートルダム：6か月後」https://www.fondation-patrimoine.org/l-actualite/liste-des-actualites/notre-dame-de-paris-six-mois-apres（最終閲覧日2019年10月21日）。

那覇市消防局の最初の部隊が到着し、午前 3 時27分から周辺自治体の 8 消防本部に応援を要請し、約50台の消防車と約170人体制の消火活動によって、約11時間後の同日13時半頃に鎮火したという。那覇市消防局によると、「正殿」（木造）、「北殿」（一部骨骨、木造）、「南殿・番所」（一部鉄骨、木造）が全焼、「奉神門」（兼事務所）、「書院・鎖之間」、「黄金御殿」、「二階御殿」が焼損、計 7 棟4,836平方メートルのうち約4,200平方メートルを焼失した[23]。電気系統のトラブルが有力と見られていた出火原因について、2020年 1 月29日に沖縄県警は、原因を特定できなかったとして捜査を終結した[24]。また、首里城を管理・運営する一般財団法人「沖縄美ら島財団」によると、これらの建物群内に収蔵されていた美術品約1,500点のうち耐火性の収蔵庫に保管されていなかった約420点（琉球王族「尚家」の関連資料など407点、正殿や南殿の常設展示14点）を焼失した可能性が高いが[25]、耐火性の収蔵庫 2 か所に保管されていた計1,075点の美術品（県指定有形文化財 3 点を含むが、国宝は含まれていない）は焼失を免れ、順次運び出されて損傷状況を調査されることになる[26]。なお、同財団の算出では、首里城火災による建物焼失の被害額は約73億円（正殿が約33億円、北殿・南殿・奉神門の合計が約21億円、その他の書院などが約19億円）だが、建物群内に収蔵されていた美術品については未算出のため、火災に伴う被害総額は今後さらに膨らむ可能性がある[27]。

---

23　日本経済新聞2019年10月31日付夕刊、同2019年11月 1 日付夕刊、産経新聞2019年11月 1 日付、毎日新聞2019年11月 1 日付、読売新聞2019年11月 1 日付、朝日新聞2019年11月 1 日付夕刊。

24　日本経済新聞2020年 1 月30日付。

25　読売新聞2019年11月 2 日付、日本経済新聞2019年11月 2 日付。

26　読売新聞2019年11月 4 日付。

27　読売新聞2019年11月 3 日付。

　2019年4月15日のノートルダム大聖堂の大火災を踏まえて、日本の文化庁が同年9月に国宝や重要文化財の建物に消火設備の設置を求める防火対策指針をまとめるなど、文化財の防火対策強化を打ち出した矢先の同年10月31日の首里城火災は[28]、首里城が沖縄の象徴であるがゆえに人々の精神的なショックが大きいという点で、フランスの象徴であるノートルダム大聖堂の大火災と共通している。首里城火災によって7棟の約4,200平方メートルを焼失し、内部の美術品の一部も焼失したことに対して、首里城の防火対策不備が指摘される一方で、特に木造文化財の防火対策の難しさが改めて論じられている。2019年10月31日の出火当時は夜間だったため、火元と見られる正殿に通じる門がすべて施錠されていたことに加えて、正殿、北殿、南殿・番所のいずれもスプリンクラーは設置されておらず（消防法上の設置義務がない）、正殿の軒下に取り付けられていた74か所の噴出口をもつドレンチャー（火災時に自動で建物の外壁に沿ってカーテン状に水を噴射し、外側からの延焼を防ぐ設備）も作動はしたが、他の建物からの延焼を防ぐ装置だったため内部からの炎を食い止めることができず、当日未明の強い北風と相まって燃焼を速めたと見られている。首里城では2019年3月に消防設備の点検を終えたばかりだったが[29]、7棟の建物が正殿前の庭を取り囲むように口の字型に並んでおり、火災による放射熱がこもりやすい配置であるという構造上の問題や、建物内での延焼を防ぐ防火扉の設置については特に検討されていなかった[30]。

---

28　読売新聞2019年11月1日付、毎日新聞2019年11月1日付。
29　産経新聞2019年11月1日付、毎日新聞2019年11月1日付、読売新聞2019年11月1日付、日本経済新聞2019年10月31日付夕刊。
30　読売新聞2019年11月7日付。

　首里城火災に対しては、スプリンクラーが設置されていれば被害を小さくできたのではないかという指摘が多くなされている[31]。「木造の建造物は、1度燃え始めると中に入ってまで消火するのは難しく、初期消火が重要だ」との専門家による指摘のとおり、スプリンクラーは初期消火に効果を発揮するからである[32]。そもそも国宝や重要文化財の建物は文化財保護法で現状変更が規制されることに加えて、耐火構造などを定めた建築基準法が適用されず、スプリンクラーの設置についても消防法上、義務づけられていない[33]。さらに、首里城の7棟はいずれも、1989年に復元工事が始まり、2019年に2月に、30年間および総額約73億円の整備費用をかけた復元プロジェクトが完成したばかりの、言わば「復元文化財」であり[34]、文化財保護法が規定する文化財には指定されておらず、文化財として防火対策の対象になることもなかった[35]。内部に美術品がある建物へのスプリンクラー設置を避ける背景には、美術品が水浸しになることに伴う損傷に加えて[36]、スプリンクラーの誤作動や漏水、さらに配水管を通すことで建物を傷めたり、見た目を損ねたりする可能性への懸念がある。もっとも、姫路城では1993年にユネスコ世界文化遺産に登録されたのを契機に防火対策が強化され、総額約10億円をかけて、1997年から6年間で、4つの天守の天井部分など

---

31　読売新聞2019年11月2日付。

32　NHK「首里城焼失　沖縄の心　再建の課題（時論公論）」（2019年11月21日放送）https://www.nhk.or.jp/kaisetsu-blog/100/416094.html（最終閲覧日2019年11月23日）。

33　日本経済新聞2019年11月1日付。

34　NHK・前掲（注32）、日本経済新聞2019年11月7日付。

35　読売新聞2019年11月1日付。

36　日本経済新聞2019年11月1日付。

1,078か所にスプリンクラーを設置するなど、少数ではあるが設置例も見られるようになってきた[37]。首里城の7棟のような復元文化財は、防火対策の谷間にあると考えられることから、早急な検討が必要と言える。

　1429年に中山王の尚巴志が琉球を統一して琉球王国を建て、1458年には尚泰久が巨鐘（万国津梁の鐘）を首里城正殿にかけるなど、琉球王国の都である首里に位置する王宮として、首里城は19世紀まで使われていた[38]。その間、1453年、1660年、1709年に火災による焼失に遭い[39]、1879年の琉球処分（沖縄県設置）によって尚泰が首里城を明け渡した後は、1925年に首里城正殿、1933年に守礼門がそれぞれ国宝に指定されたものの、1945年の沖縄戦によって首里城の建物はすべて焼失し、石垣の多くも崩れてしまった[40]。しかし、首里城の復元を強く願う沖縄の人々に支えられて、1958年の守礼門の復元、1989年の正殿等の復元工事の開始、1992年の国営首里城公園の開園など[41]、首里城の復元プロジェクトは順調に進み、2000年に「琉球王国のグスク及び関連遺産群」の1つとして[42]、首里城はユ

37　NHK・前掲（注32）。

38　NPO法人世界遺産アカデミー監修／世界遺産検定事務局著『きほんを学ぶ世界遺産100——世界遺産検定3級公式テキスト』（NPO法人世界遺産アカデミー／世界遺産検定事務局、2019年）68頁、那覇市歴史博物館編「王朝文化と都市の歴史」（2006年）14頁。

39　日本経済新聞2019年11月7日付。

40　上里隆史＝嘉納大作『新装改訂版　知れば知るほどおもしろい　琉球王朝のすべて』（河出書房新社、2015年）47頁、51頁。

41　読売新聞2019年11月1日付。

42　構成資産は、首里城跡（遺跡）、城内の園比屋武御嶽石門（記念工作物）、玉陵（記念工作物）、今帰仁城跡（遺跡）、座喜味城跡（遺跡）、中城城跡（遺跡）、勝連城跡（遺跡）、斎場御嶽（遺跡、文化的景観）、識名園（遺跡、文化的景観）の9つの文化遺産である。なお、これらの遺産群が

ネスコ世界文化遺産に登録されたのである。もっとも、世界遺産に登録されているのは「首里城」ではなく、あくまでも「首里城跡」であって、具体的には1945年の焼失前の琉球王国時代の城壁の遺構や建物の基壇（土台）などの地下遺構が世界遺産の構成資産である点には注意を要する[43]。2019年の首里城火災によって焼失した正殿も、地下に眠る世界遺産の遺構に土を被せて、基礎部分より約70センチメートル高い位置で建物が復元されていた[44]。世界遺産の構成資産である正殿の基壇の一部（縦約7メートル、横約5メートル）をガラス越しに公開していたところに瓦礫が入り込み、遺構表面の2か所が損傷したが、全体面積の0.05％にとどまった[45]。復元建物である首里城の焼失を理由とする、世界遺産の登録抹消や危機遺産への登録などの懸念はまずないとされ、2020年1月31日に文化庁がユネスコに報告した首里城の火災による被害状況においても、「世界遺産の価値に与える影響は軽微」とされた[46]。復元文化財が防火対策の谷間にあることは先述したが、世界遺産としての価値の持続可能性という観点からは、復元文化財を言わばバッファーゾーン（緩衝地帯）としても活用するという意味で、世界遺産の登録範囲プラスアルファすなわち「構成資産＋復元文化財」を想定した防火対策、防災体制が求められるだろう。2019年12月に文化庁は、世界遺産と

沖縄島に偏っており、周辺離島や宮古、八重山などの文化財が除かれているとの批判もある。新城俊昭『新訂ジュニア版　琉球・沖縄史』（編集工房　東洋企画、2018年）52～53頁。

43　NPO法人世界遺産アカデミー監修／世界遺産検定事務局著・前掲（注38）68頁。

44　上里＝嘉納・前掲（注40）51～52頁。

45　読売新聞2019年11月7日付、日本経済新聞2020年1月31日付夕刊。

46　読売新聞2019年11月1日付、日本経済新聞2020年1月31日付夕刊。

国宝を重点対象とする防火対策強化に向けた2020年度からの「５カ年計画」を公表し、復元文化財についても同計画内で対策を進めるとした。また、総務省消防庁は、文化財に特化した防火訓練マニュアルの作成を進めている。首里城の復元については、木材や赤瓦の調達が困難であることや職人の不足が懸念されているが、3Dモデルによるバーチャル保存を含めて[47]、将来の世代に文化遺産を託す方法を多方向から考える時期に来ているとも言える。琉球王国時代の人々の息吹を鮮やかに伝える首里城の復元を願い、見守っていきたい。

## 3　バチカン市国——世界文化遺産国家と安全保障

第266代ローマ教皇[48]フランシスコ（Pope Francis, 1936-)[49]が2019年

---

47　首里城を３Dモデルで復元する取り組みとして、観光客らが撮影した首里城の写真をつなぎ合わせて火災前の姿を立体的に再現する「みんなの首里城デジタル復元プロジェクト」や、市民団体「沖縄デジタルアーカイブ協議会」による「首里城アーカイブ基金」などがある。日本経済新聞2019年12月２日付。

48　世界で13億人のカトリック信者を束ねるカトリックの最高指導者であるローマ教皇は、バチカン市国の国家元首でもある。日本のカトリック教会では、「教える」立場にあるとして「ローマ教皇」、また、バチカンについては「ローマ教皇庁」の訳語が当てられている。他方、1942年にバチカンが日本と外交関係を樹立した際に、日本政府へ登録した国名は「ローマ法王庁」だった。郷富佐子『バチカン——ローマ法王庁は、いま』（岩波新書（新赤版）1098、2007年）11〜12頁）。2019年11月20日に日本政府が、教皇フランシスコの来日に合わせて、今後は呼称を「教皇」に変更すると発表したことに従い、本書では「ローマ教皇」「ローマ教皇庁」を用いる。

49　教皇フランシスコの伝記映画として、ダニエレ・ルケッティ監督／ロドリゴ・デ・ラ・セルナ、セルヒオ・エルナンデス主演『ローマ法王になる日まで』（2016年公開）がある。

11月23日から26日に来日し、38年ぶりのローマ教皇の来日として大きく注目された。ローマ市内に位置するバチカン市国は、1929年 2 月11日にイタリア政府とローマ教皇庁の間で締結された「ラテラノ条約（Patti lateranensi)」によって誕生した世界最小の独立国家である[50]。もっとも、世界のカトリック教会の総本山であるバチカン自体の歴史は古く、キリストの12使徒の中でもリーダー的存在とされる聖ペテロの墓があると伝えられるこの地に 4 世紀に建立された教会が、現在のサン・ピエトロ大聖堂の前身であった[51]。19世紀後半までイタリア中部に広大な教皇領を所有していたバチカンだが、バチカン市国としての現在の国土は0.44平方キロメートルである。バチカン市国はまた、国土全体が1984年にユネスコ世界文化遺産に登録された、他に類を見ない国である[52]。一般公開されているサン・ピエトロ大聖堂やバチカン美術館の収蔵品を含めて、バチカンの莫大な芸術資産がすべて世界遺産になった意義は、人類が将来の世代に託す世襲財産[53]という観点からは計り知れない大きさと言える。なお、サン・ピエトロ大聖堂については、「サン・ピエトロ大聖堂

---

50　バチカン市国誕生の歴史的な背景については、松本佐保『バチカン近現代史——ローマ教皇たちの「近代」との格闘』（中公新書2221、2013年）86〜95頁参照。なお、同氏による近刊として、松本佐保『バチカンと国際政治——宗教と国際機構の交錯』（千倉書房、2019年）がある。

51　NPO 法人世界遺産アカデミー監修／世界遺産検定事務局著・前掲（注38）107頁。

52　ユネスコ世界文化遺産としての「バチカン市国」を扱った映像資料として、ディスカバリーチャンネル『バチカン　超時空の聖都市』（角川書店、2005年）がある。

53　バチカンはいろいろな意味で、人類の叡智を継承するための装置であるとして、旧約聖書の「ノアの方舟」に例える文献もある。岩渕潤子『ヴァティカンの正体——究極のグローバル・メディア』（ちくま新書1057、2014年）230頁。

聖省発掘局 (Ufficio Scavi della Fabbrica di San Pietro)」[54]が考古学発掘を担っている。また、世界遺産登録後の顕著な変化として、必ずしもカトリック教徒に限らない芸術パトロンたちがバチカンに多額の寄付をするようになったという[55]。

　世界文化遺産国家のバチカン市国にとって、安全保障は文化遺産保護ひいては独立カトリック国家というアイデンティティの維持に直結する、最も重要な課題である。この点、バチカンの安全保障を16世紀以来担っているのが、スイス衛兵隊であるという事実は興味深い。ローマ教皇庁の下でスイス衛兵隊が正式に発足したのは1506年とされ、1527年5月の神聖ローマ帝国およびスペインによる「ローマ略奪」の際には、第219代ローマ教皇クレメンス7世 (Pope Clemens Ⅶ, 1478-1534) をサンタンジェロ城 (Castel Sant'Angelo)[56]に逃がそうと、189名のスイス衛兵が勇敢に闘ったと伝えられる[57]。現代においてもローマ教皇の護衛をスイス人が独占していることに変わりはないが、最近はスイス衛兵隊への入隊を希望する若者が減少傾向にあり、バチカン側がスイス人衛兵の確保に奔走しているとの報道もなされている[58]。

---

54　サン・ピエトロ大聖堂聖省所属の著者による文献の和訳本として、ピエトロ・ザンデル著／豊田浩志・牧島優子・西田有紀共訳『バチカン　サン・ピエトロ大聖堂下のネクロポリス』(上智大学出版、2011年) がある。

55　ディスカバリーチャンネル・前掲 (注52)。

56　サン・ピエトロ大聖堂と秘密の通路でつながっているが、バチカン市国内ではなく、あくまでもローマ市内に位置している。また、ジャコモ・プッチーニ (Giacomo Pucchini, 1858-1924) のイタリアオペラ『トスカ』の舞台としても、広く知られている。

57　秦野るり子『バチカン──ミステリアスな「神に仕える国」』(中公新書ラクレ317、2009年) 162頁。

58　日本経済新聞2019年7月24日付夕刊。

　ローマの都心に位置し、世界中から観光客が押し寄せるバチカンでは近年、テロリスト攻撃への警戒を高めている。独立国家であるバチカン市国は、基本的には他国の法制度と無関係だが、観光客で賑わうサン・ピエトロ広場（サン・ピエトロ大聖堂の手前に位置する）に限り、イタリア警察およびイタリア司法の管轄下にある[59]。サン・ピエトロ大聖堂とバチカン美術館という非常に限られた文化遺産に殺到する観光客に対応しながら、これらの文化遺産を保護し続けるバチカンの安全保障手法は、首都とりわけ都心部に位置する文化遺産を都市災害から守る手法を考える上で示唆を与えてくれるだろう。

**《参考文献》**

デイブ・ヨダー（写真）／ロバート・ドレイパー（文）／高作自子（訳）『ビジュアル新生バチカン　教皇フランシスコの挑戦　増補改訂版』日経ナショナルジオグラフィック社、2019年

Francesco Roncalli, Cité du VATICAN, Monumenti, Musei e Gallerie Pontificie, 1989

# 4　世界文化遺産都市ヴェネツィアの環境問題
## ——水都の過剰利用と洪水

　近年、大規模水害が世界の都市で深刻化している。2019年には日本でも、度重なる洪水と甚大な浸水被害が発生した。地球規模の気候変動が大規模水害の頻発を招いていると指摘されて久しいとこ

---

59　秦野・前掲（注57）161頁。

ろ、世界文化遺産都市である水都ヴェネツィアは2019年11月12日に、ヴェネツィア史上2番目の記録となる海抜187センチメートル（史上最高記録は1966年の194センチメートル）のアックア・アルタ（àcqua alta. 高潮による冠水）によって全市域の85％が浸水した。ヴェネツィア市内で最も標高の低い場所に位置するサン・マルコ寺院（Basilica di San Marco）も、高さ70センチメートルまで浸水し、円柱などに深刻な被害を受けた。翌13日に現場を視察したコンテ首相（Giuseppe Conte, 1964-）は「われわれの国の心臓部に打撃を与えた」と述べ、同年11月14日に非常事態宣言を発令すると共に、同日夜の閣議において2,000万ユーロの財政援助を即時に承認した。また、ブルニャーロ市長（Luigi Brugnaro, 1961-）は、「気候変動が直接的な原因だ」と述べた[60]。被害額は10億ユーロと見られている。

　ヴェネツィアでは2018年10月29日に、直近10年間で最悪というアックア・アルタによって全市域の75％が浸水したばかりだった。2018年のアックア・アルタでは、雨が強風を伴いながらほぼ24時間にわたって降り続き、ヴェネツィア史上5回しか達したことがないという海抜156センチメートルまで水位が上昇した。2000年以来2度目の浸水被害を受けたサン・マルコ寺院は、「たった1日で20年分、老朽化した」と担当の行政官が嘆くほど、千年の歴史をもつ大理石の床、青銅の扉、モザイクの床などに損害を受け、最初の修復に約220万ユーロを要したが、塩害による長期的影響が重大な問題として懸念されていた。また、2018年のアックア・アルタでは、1720年創業の老舗カフェ、「カフェ・フローリアン（Caffè Florian）」の床も浸水被害を受けた[61]。こうした中、2018年のアックア・アル

---

タよりもさらに大規模な、2019年のアックア・アルタが発生したのである。

　水都ヴェネツィアの歴史は、産業利用、航海、災害対策などの理由で、さまざまな種類の水（海の水、河川の水）と闘わざるをえなかった歴史であると共に、人間と自然との不安定な関係をめぐるジレンマの中で、環境を統治することに成功した歴史であるとも評価されている[62]。7世紀末にヴェネツィア共和国として実質的に独立したとされる水都ヴェネツィアでは[63]、水の上という不安定なエコシステムに基づいて存立するため、公的機関が行った決定を検証し監督するという作業に対して、他国では考えられないような迅速さと安定度が求められ、新たに設置された組織や制定された規範の効力を市民が直ちに検討し、すぐに評価を与えるということが一般化していった。このため、行政官たちの側にも、多くの法令を制定し、規範の認定、法制度化、施行状況の監督、それらの修正といった一連の作業を継続的に実施する姿勢が生まれた[64]。ヴェネツィア共和国では16世紀から法律の制定作業が特に加速したが、漁業、農業、航海、ごみ投棄などを規制する同共和国発布のさまざまな法令は厳密な平等主義を原則とし、すべての市民はラグーナ（laguna. 潟）という共有財産を守るために、これらの法令を遵守するよう義務づけられた[65]。しかし、共和国時代にはラグーナの水環境保全に

---

61　Angela Giuffrida, The death of Venice? City's battles with tourism and flooding reach crisis level, World news, The Guardian, Sun 6 Jan 2019.

62　ピエロ・ベヴィラックワ著／北村暁夫訳『ヴェネツィアと水——環境と人間の歴史』（岩波書店、2008年）ⅴ頁、5頁。

63　NPO法人世界遺産アカデミー監修／世界遺産検定事務局著・前掲（注38）108頁。

64　ベヴィラックワ・前掲（注62）81頁。

全力で取り組んでいたのに対し、1797年にナポレオン1世（Napoléon Bonaparte, 1769-1821）による侵略を受けて共和国が崩壊し、さらに19世紀後半にイタリア国家が統一されると、あらゆる法制度の中でヴェネツィアのもつ特異な環境への配慮が及ばなくなった[66]。ヴェネツィアの水環境に対する人々の関心は薄れ、道路整備、港湾施設の建設、広大な埋立て地の造成、造成地に誕生したマルゲーラ工業地帯の一層の拡大など、ラグーナ内での開発が続いた[67]。これらの開発事業に伴う大気汚染、水質汚染に加えて、マルゲーラ工業地帯で行われてきた掘抜き井戸による地下水汲み上げ（現在は禁止されている）に起因する地盤沈下、さらに近年の地球規模での気候変動を背景とする温暖化による海水面の上昇が、アックア・アルタの頻発を招いていることは多く指摘されるところである[68]。

　そもそもイタリアでは、19世紀後半の国家統一から1920年代にかけて十分な法制度が整っておらず、全国各地で発生する自然災害にも場当たり的に対応していた。イタリアにおける最初の自然災害一般法である、1926年12月9日の「地震災害その他の自然災害における即時救援活動に関する規則」（緊急法律勅令2389号）（以下、「1926年法」という）は、災害発生時における被災者の緊急救助活動の指揮

65　同上・vii頁、85頁。
66　陣内秀信「「水都学」をめざして」陣内秀信・高村雅彦編『水都学Ⅰ　特集　水都ヴェネツィアの再考察』（法政大学出版局、2013年）178頁、NPO法人世界遺産アカデミー監修／世界遺産検定事務局著・前掲（注38）108頁。
67　陣内秀信＝樋渡彩「第11章　今、水都が直面する危機」陣内秀信『水都ヴェネツィア——その持続的発展の歴史』（法政大学出版局、2017年）263頁。
68　陣内・前掲（注66）178頁、陣内＝樋渡・前掲（注67）265頁。

調整、組織化の責任を公共事業大臣に委ねた。第 2 次世界大戦後も 1926年法に基づくシステムが維持されたが[69]、1966年11月 4 日に未曽有のアックア・アルタに見舞われたヴェネツィアが、 3 日間孤立して甚大な被害を受けたことを契機に、ユネスコを中心とした国際的なヴェネツィア救済キャンペーンが展開され、イタリア国家もヴェネツィア救済のための特別法を何度も成立させ、財政的支援を行うことになった[70]。以来、ヴェネツィアの特異な環境とりわけ水環境に配慮した、ヴェネツィア特別法が多く制定されるようになった。ラグーナと海をつなぐリド、マラモッコ、キオッジアの潮流口に可動式水門（防潮堤）を設置し、アックア・アルタからラグーナ全体を守るという「モーゼ計画（Mòdulo sperimentale elèctromeccànico: MO.S.E. " 電気機械試験モジュール " を意味すると共に、旧約聖書の預言者の名に因む）」もまた、ヴェネツィア特別法がベースになっている[71]。

　モーゼ計画はヴェネツィアのラグーナでの洪水を防ぐ切り札とされる数十億ユーロ規模の事業で、1970年代初めから検討されてきたが[72]、2003年に始まった水門の工事は遅れており、2014年にはオルソーニ前市長（Giorgio Orsoni, 1946-）が契約の見返りに賄賂を受け取ったとして告発されるという贈収賄スキャンダルなど、無数の問題があり、最新の完成予定日は2022年とされている。担当の行政官によると、「およそ96％は済んでおり、やるべきことはほんの少ししか残っていないが、イタリア政府が完成予定日を先送りにし続け

---

69　小谷眞男「イタリアにおける大規模災害と公共政策——2009年アブルッツォ州震災の事例を中心に——」『海外社会保障研究』187号（2014年）46 〜47頁。

70　陣内＝樋渡・前掲（注67）280頁、288頁。

71　同上・266頁、陣内・前掲（注66）178頁。

72　陣内＝樋渡・前掲（注67）266頁。

ている。すべては、政府からの資金提供にかかっている」のが現状である[73]。

　ヴェネツィアの抱える環境問題は、洪水のような自然災害だけではない。水都の過剰利用に伴い、観光客が押し寄せる一方で、ヴェネツィア居住者人口は第2次世界大戦後の17万5,000人から最近では5万5,000人まで激減し、観光客数を下回っている。他にも、観光客が残すごみの問題、クルーズ船によるラグーナの汚染など悩みは尽きない。先述のように、1797年にナポレオン1世により、697年から千年以上続いたヴェネツィア共和国が解体され、1815年のウィーン会議でオーストリアに編入され、1866年には統一国家のイタリア王国に合流することになったヴェネツィアにとって、1895年に開催された「第1回ヴェネツィア市国際芸術祭」は、長い衰退期から再生する絶好の機会だった。19世紀後半のパリ万国博覧会から着想を得た同芸術祭は22万人以上の観客を集め、現在の「ヴェネツィア・ビエンナーレ」につながっている[74]。さらに、年1回のヴェネツィア・カーニバルやヴェネツィア国際映画祭などのイベントに観光客を引き寄せるよう工夫しつつも、大規模観光産業の出現に伴い、サン・マルコ寺院、リアルト橋（Ponte di Rialto）、曲がりくねった小路（calle）の迷路に沿って貴重な遺跡をのろのろ歩く絶え間ない人の群れにどのように対処するのか、苦闘が残されることになった。観光客の殺到は、地方自治体の財源にはプラスだが、ヴェネツィアの壊れやすい記念物や環境を荒廃させかねない。こうした状況は、1987年にユネスコ世界文化遺産に登録された「ヴェネツィ

---

73　Giuffrida, supra n.61.
74　高橋明也「伝統と革新——ヴェネツィアからのメッセージ」『マリアノ・フォルチュニ　織りなすデザイン展』（毎日新聞社、2019年）20頁。

アとその潟（Venice and its Lagoon）」を、2019年7月にユネスコが危機遺産に新たに加える可能性を生み、ブルニャーロ市長がこれを回避するために奔走することへとつながった（結局、危機遺産には加えられなかった）。また、クルーズ船によって引き起こされる波が、歴史的建物の水中の支柱を浸食し、水域を汚染してきたことは、多くの環境学者たちが主張するところである。他方でモーターボートについては、モーターボートによって引き起こされる激しい波がラグーナの形態を変えてしまうとして、2002年にラグーナ内での使用を禁止する、あるいは速度を制限する環境特別地域が指定された[75]。2017年末にブルニャーロ市長は、重量9万6,000トン以上で、ヴェネツィア中心部に数千人の乗客を上陸させるクルーズ船が将来的には、従来のサン・マルコ広場ルートではなく、マルゲーラ工業地帯ルートを経由することになるかもしれないと公表した。イタリア政府はこのルート変更計画を既に認めており、運河の浚渫と新港の建設が必要な新ルートの工事に4年間を要すると見られている。ルート変更によって歴史的中心地はより良く保存され、水域の汚染を悪化させることもないとされている[76]。

　ヴェネツィアでは今、毎年やって来る3,000万人の人々の影響を管理するために、日帰り観光客に通常2.5ユーロ、繁忙期5～10ユーロのヴェネツィア市入場料を課すことが検討されている。同入場料は、ヴェネツィア市内のホテルを予約した観光客には適用されない。ヴェネツィアの宿泊客は、毎晩6ユーロの観光客税を既に支払っているからである。「ヴェネツィア市入場料からの収益の一部

---

75　陣内＝樋渡・前掲（注67）269～270頁。
76　Giuffrida, supra n.61.

は、日帰り客が残すごみの清掃に充てられ、地元住民の生活向上に役立てられるが、ヴェネツィア出身者と観光客を見分けるのは難しいので、ヴェネツィア出身者が実家や家族を訪ねる場合も同入場料を支払うことになるかもしれない」というブルニャーロ市長の説明は、多くのヴェネツィア市民を怒らせた。もっとも、先に触れた2019年7月の危機遺産をめぐるユネスコの動きを踏まえてヴェネツィアでは、サン・マルコ広場やリアルト橋に向かって直進する人の群れを管理する試みとして、繁忙期のラグーナへの2か所の入り口に入場制限ゲートが設置された。ゲートの混雑時には、住民と「ヴェネツィアウニカシティパス（Venezia Unica City Pass)」というICカードの保持者のみが通行可能であり、その他の者は迂回ルートを利用することになる。水都の過剰利用に伴う観光客の殺到に対してヴェネツィア市は、ラグーナのあまり知られていないエリアや、ムラーノ島、ブラーノ島といった他の島々を訪ねてみるように人々に促すことを試みている。また、ヴェネツィアで数十年間議論されてきたという地下鉄システムを含めて、抜本的なインフラ投資の必要性も指摘されている[77]。

　頻発するアックア・アルタに対しては、地盤面のかさ上げ工事とパッセレッラ（passerèlla. 歩行用の渡し板）で何とか対応しているヴェネツィアだが[78]、最近は「文化都市」からさらにラグーナと共生する「環境都市」にシフトしているとして[79]、いわゆる水都学の

77　Id.
78　陣内＝樋渡・前掲（注67）270～271頁。
79　同上・287頁。なお、水都ヴェネツィアの「交易都市」から「文化都市」へ、さらに「文化都市」から「環境都市」への変遷を論じる文献として、陣内秀信「第三章　水都ヴェネツィア：交易都市から文化都市へ」長田俊樹＝杉山三郎＝陣内秀信『文明の基層――古代文明から持続的な都市社会

観点から高く評価する声もある[80]。また、1970年12月8日の「災害
被災者の救助・救済、民間防衛に関する法律」（法律第996号）や、現
在のイタリアにおける災害対策の基本枠組みである1992年2月24日
の「民間防衛国民サービス設置法」（法律第225号）（以下「1992年法」と
いう）が制定されたことに加えて、2001年10月18日憲法的法律第3
号による地方自治制度の大規模改革によって民間防衛が国と州の競
合的立法事項とされるなど[81]、イタリア国家レベルで「民間防衛
（protezióne civile）」概念[82]が定着していく中で、市民が常に水害と
闘ってきた長い歴史をもつヴェネツィアがイタリア国内で再評価さ
れているとも考えられる。水都・東京を首都に擁する日本もまた、
ヴェネツィアから学ぶところは少なくないだろう。

---

を考える』（大学出版部協会、2015年）がある。

80　水都学とは、「水の都市」の特質とそこに潜む魅力を歴史とエコロジー
　　の視点から探り出し、近代に忘れられ、失われかけたその価値を再発見
　　し、復権・再生させるための新たな学問体系をいう。陣内・前掲（注66）
　　141頁。

81　小谷・前掲（注69）47頁、岩城成幸「Ⅵ　自然災害と緊急時対応」『主
　　要国における緊急事態への対処　総合調査報告書』（国立国会図書館調査
　　及び立法調査局、2003年）155〜156頁。

82　1992年法1条によると、「民間防衛国民サービス（servizio nazionale
　　délla protezióne civile）」は、自然災害、大惨事その他の災害事態によって
　　もたらされる被害やリスクから生命の安全、財産、住居、環境を保護する
　　目的のために設立される。小谷・前掲（注69）47〜48頁。このようなイタ
　　リアの民間防衛概念は、端的に非常事態準備を意味するアメリカの民間防
　　衛概念など、他国のものとも重なる。アメリカの民間防衛について詳細
　　は、久末弥生「第4章　都市行政と国土安全保障」久末弥生編『都市行政
　　の最先端――法学と政治学からの展望（都市経営研究叢書2）』（日本評論
　　社、2019年）75頁参照。

《資料1》

写真で見るノートルダム大聖堂、
モン・サン・ミッシェル、ヴェネツィア

## 1　ノートルダム大聖堂の大火災後の修復工事（2020年1月撮影）
※大火災前の状況は本書100頁の写真を参照

### 西側正面とセーヌ川

### 修復工事現場の西門

## 崩落した丸天井の修復工事

## 南側から見る修復工事全景

東側で開催中の「復興の最初の1か月」展

北のバラ窓

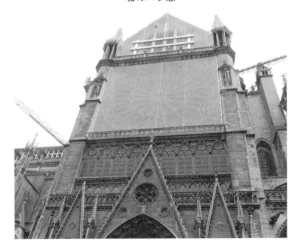

## 2　モン・サン・ミッシェルと渡り橋（2020年1月撮影）
※渡り橋の完成前の状況は本書34〜36頁の写真を参照

### 渡り橋から見るモン・サン・ミッシェル

### 渡り橋の無料シャトルバス、有料馬車、観光客

**渡り橋と旧駐車場跡（手前側）**

**修道院の西のテラスから見る湾の潮**

## クエノン川と渡り橋

## クエノン川河口ダム

3　水都ヴェネツィアの現状（2020年1月撮影）
サン・マルコ運河から見るサン・マルコの鐘楼と
ドゥカーレ宮殿（右側）

サン・マルコ広場とサン・マルコ寺院
（左手前は警備のイタリア軍とヴェネツィア警察）

リベルタ橋を渡る鉄道車窓から見るマルゲーラ工業地帯

修復のため休業中のカフェ・フローリアン

リアルト橋の上の観光客

繁忙期には入場制限ゲートが設置される
リスタ・ディ・スパーニャ通りの入り口（撮影時は設置なし）

《資料2》

# 遺跡と法律
—— ヨーロッパ都市に見る持続可能な遺跡保護

2018年12月22日　文新協第19回大会基調講演

# 考古遺産をめぐる現状

- 世界文化遺産における日本の評価が国際的に高まっている昨今、日本の考古学界の世界的な評価もまた、高まりつつある。

- しかし、日本の考古学の現場では、行政に悩まされることが少なくない。例えば、発掘調査費用の負担問題、発掘調査による出土品の評価や所有権の問題、発掘調査後の土地の保存問題など、埋蔵文化財をめぐる問題は多岐にわたって潜在するが、総じて関連法制による手続が複雑かつ煩雑であることが、これらの問題の一因となっている。

- 考古遺跡と現代都市とりわけ大都市とが共存している実際の例についての関心が、世界的に高まっている。21世紀の考古遺産法制は、現代都市の持続可能性と調和すると共に、都市ひいては国のアイデンティティーを体現する存在としての遺跡の位置づけを踏まえたものであることが求められているといえる。

# 本日の講演予定

I. イギリスの博物館コレクションと探検航海、貿易航海

II. イギリスの考古遺産法制と都市計画

III. フランスの考古遺産法制と都市計画

IV. 日本の考古遺産法制と都市計画

# I. イギリスの博物館コレクションと探検航海、貿易航海
## ―大英博物館、国立海事博物館―

# 博物館の黎明期

- 現代の博物館の起源は、１５世紀から１７世紀にヨーロッパの王侯貴族、研究者、富裕層などが個人的なコレクションとしてさまざまなものを収集・保存し、これらを公開するために自らの邸宅内に競って設けた「驚異の部屋」であるといわれる。

- イギリスでは、私的コレクションの公開が、「珍品陳列室」として広まった。

- １６８３年に、オックスフォード大学内に、世界最初の大学博物館である「アシュモレアン美術・考古学博物館」が開館した。

# 大英博物館の開館（１７５９年）

- １７５３年に、議会法により、一般市民公開かつ法人組織という世界ではじめてのタイプの博物館（公教育機関としての近代博物館、国立博物館）として、「大英博物館」が設立され、１７５９年に開館した。

- イギリスは、１８００年頃には１０館ほど、１９世紀半ばには６０館ほど、１９１４年には３００館以上の博物館がすでに存在し、世界の博物館の歴史を牽引してきた。

# １７５３年の大英博物館法

- 正式名称は、「ハンズ・スローン卿の博物館あるいはコレクションとハーリー文庫写本コレクションを取得し、前記コレクションとコットン文庫および追加分をより良く受け取り、より便利に利用するための公立博物館を提供するための法」である。その内容は、医師で古美術コレクターのハンズ・スローン卿が、所蔵品７万９５７５点、その他にも多数の植物標本や膨大な数の蔵書や写本などのコレクションをジョージ２世に献上して２万ポンドで国に遺贈することを希望していた遺志を汲み、同コレクションを国が取得し、すでに国が所有していたロバート・ハーリー卿と息子のエドワード・ハーリー卿の写本コレクション、ロバート・コットン卿の写本コレクションと合わせて、公共のためのコレクションとして公開するというものだった。

- 博物館やコレクションはすべてそのまま永久に保存されるべきこと、コレクションに興味をもつ人は誰でも自由に接することができるなどの基本方針が、同法において明言され、イギリス国内の他の博物館はもちろん、各国の博物館にも大きな影響を与えた。

# 大英博物館とキャプテン・クック

- 大英博物館が初期に収蔵したコレクションとして、ジェームズ・クック（通称「キャプテン・クック」）が太平洋探検航海で収集した資料を含む自然博物学の標本が挙げられる。その背景には、クックの探検航海資金の一部を、大英博物館が実質的に拠出していたという事実がある。

- １７世紀後半から１８世紀のヨーロッパは啓蒙思想時代にあり、旅にはしばしば科学技術上の目的が伴った。１７６８年から１７８０年の間に行われたクックと仲間たちによる３度の太平洋探検航海すべての背後には、イギリスの地政学上の動機があった。

- イギリスの博物館史初期におけるコレクションの充実は、「科学技術」「探検」「帝国」という３つの要素と密接に関連している。

## グリニッジの国立海事博物館

- イギリスの歴史が海との関係によって形成されてきたことを改めて確認すると共に、イギリスの博物館コレクションの特徴と歴史的背景を理解するには、国立海事博物館が示唆に富む。

- １９３４年に議会法によって設立され、１９３７年に開館した国立海事博物館は、海事博物館として世界最大規模である。

- 王室史と海事史の両方を現代に伝えるグリニッジの「公園と宮殿」の景観は、１９９７年１２月にユネスコ世界遺産に登録された。

# II. イギリスの考古遺産法制と都市計画

## ―イングリッシュ・ヘリテッジ―

# イギリスの遺跡保護

- イギリスでは１８８２年から、古代遺跡の制定法上の保護が行われてきた。

- 遺跡は現在、１９７９年の「古代遺跡および考古地域法」（通称「１９７９年法」）によって保護されている。

- １９７９年法に基づく遺跡保護は、「指定遺跡」に分類されるか、「古代遺跡」に分類されるかによって、保護の程度を異にする。指定遺跡には、最大限の保護が与えられる。

- 指定遺跡とは、国務長官が国家的重要性をもつと思う場合にのみ指定リストに加えられる遺跡である（１９７９年法１条）。他方、古代遺跡は指定遺跡よりも幅広く定義され、指定遺跡に加えて、歴史、建築、伝統、美術、考古学上、重要な属性ゆえに公益性をもつと国務長官が考える他の遺跡も意味する。つまり、古代遺跡はすべての指定遺跡を含むが、その範囲に限られない。

## イングランドの指定遺跡の現状

- イングランドには現在、指定遺跡が約１万９７００件あるとされ、その中にはストーンヘンジ、ロンドン塔、ハドリアヌスの防壁といった有名遺跡だけでなく、教会の跡、巨石の遺跡、十字架や石碑なども含まれている。

- 「ヒストリック・イングランド」が指定遺跡の再調査プログラムを進めており、指定遺跡として国務長官による保護が与えられる遺跡の件数が大幅に追加されることが期待されている。

# 指定遺跡と都市計画

- 都市計画との関係では、１９７９年法２条の「指定遺跡承認」が重要である。同条によると、指定遺跡承認を最初に得ることなく指定遺跡で土木工事を行う者あるいはそれを許す者は、刑事犯罪をなすことになる。

- 同条にいう土木工事には、取壊し、破壊、指定遺跡へのダメージ、指定遺跡やその一部の移動あるいは修復、指定遺跡の改変あるいは付け加えること、指定遺跡が位置する土地の地中・地上・地下を浸水させるあるいは傾けることが含まれる。

# 重要考古地域

- 指定遺跡と古代遺跡に加えて、１９７９年法３３条は「重要考古地域」について国務長官による指定権限を定める。

- 重要考古地域指定は、遺跡をダメージや破壊から保護するものではなく、開発計画が迫っている遺跡を発掘し記録する時間を与えることを専らの目的としている。

- イングランドの代表的な重要考古地域としては、カンタベリー、チェスター、エクセター、ヘレフォード、ヨークなどの旧市街が挙げられる。

- 都市計画との関係では、同法３５条の「工事通知」が重要である。同条によると、重要考古地域が位置する土地の地方当局に工事通知を最初に出すことなく、土地を侵害し、浸水させるあるいは傾ける作業を指定地で行う者あるいはそれを許す者は、刑事犯罪をなすことになる。

# 金属探知機、開発計画法

- １９７９年法４２（４）条は、指定遺跡、古代遺跡、重要考古地域などの保護地で承認を得ることなく金属探知機を用いる者が、刑事犯罪をなすことになると定める。イギリス家庭における小型の金属探知機の普及率が高いことから、民間人による盗掘行為を防ぐための規定と考えられる。

- 古代遺跡（指定遺跡を含む）や重要考古地域は、都市・地域レベルの開発計画法の下でも保護される。開発計画は古代遺跡や重要考古地域の保護政策を含んでおり、特に指定遺跡への開発の影響は開発計画許可申請を判断する際に必ず考慮される。指定遺跡は通常、開発計画において保存対象とされており、影響を受けるのが指定遺跡かそうでないかは開発計画申請を判断する際に必ず考慮される。

# 遺跡保存と開発補償

- 土地の開発が許可される場合、新建物案の下の地面の高さを上げる、遺跡へのダメージを最小限にする基礎工事をする、あるいは将来的な保存のために新建物の下に考古遺跡を密封するなどの工法によって、遺跡へのダメージを最小限にすることが可能である。

- 本来の場所での遺跡保存が不可能な場合には、「記録保存」を目的とした考古学発掘が唯一可能な代案となる。記録保存には、写真記録、報告書、発掘中に出土した重要な文化遺物の遺跡の展示などによる、文書化プロセスが含まれる。

- １９７９年法の下では、土地の開発価値の損失補償について、遺跡が指定されたことに伴う損失は補償されない。しかし、土地開発に開発計画許可が与えられた後に遺跡が指定遺跡になったために開発が頓挫したならば、開発価値の損失は補償される。

# イングリッシュ・ヘリテッジと遺跡保護

- イギリスの遺跡保護を担う主な国家機関は、文化・メディア・スポーツ省（DCMS）、ナチュラル・イングランド、環境庁などだが、これらの機関には考古学の専門家がいないため、DCMSの外郭団体である「イングリッシュ・ヘリテッジ」が、遺跡保護に関する国レベルの政策を学術的に支えてきた。

- イングリッシュ・ヘリテッジは、１９８３年の「国家文化遺産法」（通称「１９８３年法」）の制定に伴い、当時の環境省から独立するかたちで「イングランド歴史的建造物・遺跡委員会」として１９８４年に設置され、後に「イングリッシュ・ヘリテッジ」に改称された。

- １９８３年法の下、イングリッシュ・ヘリテッジの任務は大きく２つあり、１つは「国家文化遺産コレクション」の保護・管理、もう１つは建造物の指定、開発計画問題への対処や開発計画許可の交付を含む、国レベルの文化遺産保護法制の管理・運営を担うものとされた。

- 都市計画との関係では、「指定建造物承認」においてイングリッシュ・ヘリテッジが大きな役割を果たしてきた。イギリスの歴史的建造物には、３種類ある。

# ナショナル・トラスト、ヒストリック・ロイヤルパレス

- イングリッシュ・ヘリテッジの実務内容は、所有する指定遺跡の調査、保存、活用が大部分を占めるが、このうち活用の場面では、「ナショナル・トラスト」の参入を徐々に認めている。ナショナル・トラストは１８９５年に設立された、自然保護や遺跡保護を目的とする民間組織である。現在、全英に５００以上の信託地を所有し、管理、公開している。

- 「ヒストリック・ロイヤルパレス」は独立の慈善財団であり、全英の６つの王宮施設を管理している。

# イングリッシュ・ヘリテッジからヒストリック・イングランドへ

- イングリッシュ・ヘリテッジは、イングランドに４００以上の遺跡や歴史的建造物を所有、管理し、毎年１千万人を超えるビジターがこれらを訪れている。

- ２０１５年４月１日にイングリッシュ・ヘリテッジは、「ヒストリック・イングランド」と「イングリッシュ・ヘリテッジ信託」という２つの組織に分かれた。このうち、ヒストリック・イングランドが、従来のイングリッシュ・ヘリテッジの後継法人である。他方、イングリッシュ・ヘリテッジ信託は新たな慈善財団であると同時に、「イングリッシュ・ヘリテッジ」の名称を継承した。これらの改革に伴って、２０２３年まで継続するヒストリック・イングランドからのライセンスに基づいて、イングリッシュ・ヘリテッジのグループ全体（イングリッシュ・ヘリテッジ信託を含む）で歴史的場所・遺跡を保護し、人々にそれらを開放することになる。

- ヒストリック・イングランドの大部分がDCMSによって資金提供されている状況はイングリッシュ・ヘリテッジ時代と変わりないが、２０２２～２０２３年度までに財政的に自立することが目標として明言されており、国レベルの「ヘリテッジ２０２０」戦略におけるヒストリック・イングランドの貢献度と共に、今後の動向が注目される。

# Ⅲ. フランスの考古遺産法制と都市計画

## ―予防考古学―

## ２０００年以降のフランスの都市計画法

- 都市計画法について、２つの大きな改革があった。

- 「都市の連帯と刷新に関する２０００年１２月１３日法」（通称「SRU法」）による、都市計画法典の大規模な改正。

- ２００７年に始まった環境グルネルの成果物である「環境グルネルの実施に関する２００９年８月３日プログラム法」（通称「グルネルⅠ法」）および「環境のための国家投資に向けての２０１０年７月１２日法」（通称「グルネルⅡ法」）による、都市計画法典の改正。

## 予防考古学に関する２００１年１月１７日法

- ２００１年には、予防考古学に関するフランス最初の法となる「予防考古学に関する２００１年１月１７日法」（通称「２００１年法」）が制定された。

- 「予防考古学」とは、考古学的に意味のある土地で開発計画がある場合、開発によるダメージを未然に防ぐための調査をいう。調査には試掘調査と発掘調査の２つがあり、試掘調査後に必要と判断されると、本格的な発掘調査が行われることになる。表層を調査する試掘調査費用に比べると、深層を調査することになる発掘調査費用は非常に高額である。試掘調査と発掘調査のいずれにおいても、調査報告書が作成される。

- ２００１年法は、１９９２年１月１６日にマルタで欧州評議会が採択した「考古遺産保護のための欧州条約」（通称「マルタ条約」）を批准したフランスが、国内法として制定したもの。

# フランスにおける都市計画と考古遺産法制の関係

- フランスにおいて、都市計画と考古遺産法制は密接に関連する。というのもフランスは、強力な考古遺産法制の下で国が遺跡保護を牽引し、都市計画も基本的には考古遺産法制に従うものとされるからである。

- 一般的な考古遺産のみならず、水中文化遺産に関する国内法の条文も有するフランスは、考古遺産法制の先端を行く国といえる。

# ２００１年法制定の背景

- フランスで最初の予防考古学に関する法である２００１年法は、１９９７年１月の「ロデズ事件」を直接の契機に制定された。ロデズ事件とは、フランス南部の古都ロデズでジュペ首相による遺跡保護行政への政治介入により、市街中心部の中世城郭が事前の調査なく破壊される危機に陥った事件である。

- 同時期に、都市計画や国土整備の実施によって遺跡が冒瀆的なダメージを受ける事件が頻発し、法学者のモラン=ドゥビレーを中心に、特に都市整備に伴う地下駐車場の建設による損壊から遺跡を救出するために予防考古学を取り入れた法を緊急に制定する必要性が叫ばれた。

- いくつもの立法背景によって制定が実現した２００１年法だが、同法に基づいて２００２年に新設された「国立予防考古学研究所」（通称「INRAP」）の独占体制や、莫大な調査費用を「予防考古学納付金」（通称「RAP」）として算定したものをINRAPの運営資金に充てるシステムが批判され、２００３年法によって改正されることになった。

# ２００４年のフランス文化遺産法典

- ２００４年に「フランス文化遺産法典」が編さんされ、２００３年法は、「考古学発掘の規制に関する１９４１年９月２７日法」（通称「カルコピノ法」）、「海洋文化資源に関する１９８９年１２月１日法」と共に、文化遺産法典の第５巻に収録された。その後、何度か改正はあったが、基本的には２００４年の文化遺産法典が現行法として維持されている。

- ２００３年法は地方分権と発掘調査民営化を背景とするところ、考古遺産法制に見られる強力な中央集権の傾向が若干とはいえ緩和されることになったのは、同時期の都市計画法典の地方分権方向の改正と無関係ではないと考えられる。

# フランスの遺跡保護行政と中央集権

- フランスでは国が遺跡保護を強力に牽引することは先述したが、それを明言するのが文化遺産法典L.５２２−１条である。すなわち、「国は、学術研究、文化遺産の保存、経済的・社会的発展というそれぞれの要請を調整するよう配慮する。国は学術調査による考古遺産の探知、保存、保護のための措置を命じ、すべての予防考古学作業の学術責任者を指名し、これらの作業の監督と評価を確実に行う」。

- フランスの遺跡保護行政において中央集権の傾向が強いのは、特に「歴史記念物」に指定されるような遺跡が戦争賠償であることが多いからだとの指摘もある。歴史的な背景によって、国が優先的に考古学調査を行い、歴史記念物の法的保護とメンテナンスの業務を与えられるというのである。

- １９８０年代からは地方分権が進んだとはいえ、遺跡を根本的には国有財産と捉える点が、やはり特徴的といえるだろう。

## 国立予防考古学研究所と予防考古学納付金

- 国立予防考古学研究所（INRAP）は、予防考古学作業の学術利用とそれらの成果の普及を保証し、教育、文化の普及、考古学の活用に協力する（文化遺産法典L.523-1条）、公施設である。２００３年法により、地方公共団体の考古学課や民間団体も発掘調査を実施できることになったが、INRAPの独占傾向は根強い。また、試掘調査の実施は、INRAPと地方公共団体の考古学課に限られている。

- INRAPの運営資金は、国あるいはその他すべての公法人または私法人の助成金、発掘作業の報酬、予防考古学納付金（RAP）によって保証される。とりわけRAPは、INRAPを資金面で大きく支えると共に、INRAPが運営する「予防考古学国家基金」とも連携している。

- フランスでは現在、RAPの納付額の将来的な引き下げが論じられることはあっても、具体的なRAPの納付が争われることはほとんどない。考古遺産保護について、一定のコンセンサスが確立していると見るのが素直だろう。考古遺産の保護が長期的な利潤を国にもたらすことを、フランスは歴史的にかつ市場原理を通じて熟知している。

# 水中文化遺産に関する規定

- ２００１年にユネスコの第３１回総会で採択された「水中文化遺産保護条約」が、２００９年に発効した。１９８５年の「タイタニック号」の発見が制定の契機とされる同条約に、海洋国の日本は批准していない。他方、批准国であるフランスは、水中文化遺産に関する国内条文をすでに整えた数少ない国の１つである。

- 具体的には、文化遺産法典L.５３２−１条から同L.５３２−１４条までが「海中文化財」規定とされている。フランスは複数の海外領土を有し、水域面積が世界２位であることから、水中文化遺産の保護に意欲的である。

- フランスにおいて、海中文化財の発見者の義務や制裁規定は、その他の考古遺産のそれよりも概して厳しく、中央集権の傾向がきわめて強い。

## 日本法への示唆と展望

- フランスでは考古遺産法制が、文化遺産法典のみならず都市計画法典の中にも組み込まれている。具体的には、都市計画法典R.111－4条が遺跡保護に関する直接の根拠規定となる。すなわち、「計画が、その位置決定と特性により、発掘地点や遺跡の保護または活用を損ないかねない性質である場合、その計画は許可されないか、特別規定の遵守の条件の下でしか許可されないことがある」。

- 中央集権の傾向が依然として強い、かつ充実した考古遺産法制をもつフランスでは、例えば遺跡保護を求める市民運動といったものは歴史的にほとんど見られない。フランスがかなり早期に考古遺産法制を整えた国の１つだったことが、現在のフランスの安定した遺跡保護行政を根底から支えている。

- 日本では、「文化財保護法」が制定された１９５０年（昭和２５年）に「国土形成計画法」も制定されたため、特に埋蔵文化財については文化財保護法制定当初から開発事業による悪影響が懸念されることになった。こうした懸念は都市開発の大規模化が急速に進む中で現実化し、１９６０年代後半から１９７０年代前半をピークとする遺跡の大量破壊が、遺跡保存を求める市民運動を活発化させた。

# 武力紛争時の文化財保護問題

- 「世界遺産委員会」の国際的協力機関である「国際記念物遺跡会議」（通称「ICOMOS」）が今、最も懸念するのが、武力紛争時の文化財保護問題である。

- この問題はかつて、１９世紀後半から２０世紀初頭にかけても活発に論じられたことがあった。

- 近年の武力紛争に伴う遺跡の大規模破壊や略奪を背景に、２１世紀の今、国のレベルを超えた考古遺産の保護措置が国際的に急ピッチで検討されている。考古遺産とは誰のものなのか、持続可能性との関連も含めて再考する時期にあるといえるだろう。

# Ⅳ．日本の考古遺産法制と都市計画

## ―持続可能な都市と遺跡の共存―

# 現代都市と遺跡

- 現代都市において、都市計画に関するキーワードは、「持続可能な都市」あるいは「都市化」といった言葉に集約されつつある。

- 19世紀以降の年の急速な近代化により、都市の持続可能性が人間にとって不可欠であることを、人々は認識したからである。

- 「文化遺産」概念が、広がりを見せるようになってきた。

- 例えば、2003年に開催された第32回ユネスコ総会では、「無形文化遺産保護条約」が採択され、1972年の「世界遺産条約」ではカバーできなかった、持続可能性を内包する文化遺産の価値が新たに評価されるようになった。

# 都市計画と考古遺産の接点

- 従来、都市計画と考古遺産とは、接点がない、あるいは対立するものと捉えられてきた。国土交通省や都市計画法の管轄下にある前者と、文化庁や文化財保護法の管轄下にある後者とは、そもそも制度上で切り離されている。

- 近年は、史跡に都市計画道路がかかるといった問題が指摘されるようになったが、こうした場面で想定されるのは両者の対立である。都市計画が「開発」を求め、考古遺産が「保存」を求めるかぎり、保護と利用ジレンマに陥るのは自明の理だろう。

- もっとも、都市計画と考古遺産を取り巻く状況は、重なるところが少なくない。19世紀のヨーロッパでは、産業発展への適合を最優先とする産業都市における劣悪な都市環境に対する反省から、新たな都市計画ビジョンが生まれた。同じ頃、考古学ブームによる盗掘や濫掘に対する懸念から、考古遺産の保護が叫ばれるようになった。

- 試行錯誤の20世紀を経て21世紀の今、都市計画と考古遺産はいずれも持続可能性を希求している。

# 都市計画と考古遺産の展望①

- 近年、考古遺産の保護をめぐる問題意識は、緩やかに変化しつつある。1980年代以降の行財政改革は、埋蔵文化財行政にも大きな影響を与えた。

- 文化遺産の保存と活用が論じられるのは、埋蔵文化財に限られない。もっとも、そこでの議論は、法学とりわけ環境法分野で論じられる「保護と利用ジレンマ」とは厳密には異なっている。保護と利用ジレンマが保護を前提とした利用を論じるのに対し、「保存と活用」は活用を前提とした保存を論じるからである。しかし、文化遺産のうち考古遺産についてはむしろ、保護と利用ジレンマに近い問題意識の下で考古遺産の保護が論じられ、法制が検討されてきた。このことは、日本の文化財保護法も同様である。その背景に、大規模開発志向の都市計画に対する危機意識が、長く存在したからである。

# 都市計画と考古遺産の展望②

- 都市計画と考古遺産の関係を改めて考えてみると、都市計画に伴う開発行為と考古遺産の発掘行為が共に土木作業であるというシンプルな事実に行き当たる。行為自体を捉えるならば、両者は本質的に共存可能と思われる。以下、考古遺産法制の再構築に向けたいくつかの提案を試みたい。

⑴まず、新たな価値基準として「持続可能性」を取り入れることが、考古遺産法制自体のアップデートのみならず、都市計画法制との連携を可能にするためにも必須だろう。また、持続可能性概念は応用範囲が潜在的に広いため、例えばCSR（企業の社会的責任）の一環として「カルチャーフレンドリー企業」のようなかたちでインセンティブを付与することも可能となり、開発業者側からの協力を効果的に得られるとも考えられる。持続可能性を共有概念として、行政、開発事業者、考古学者、法学者など、多様な当事者たちによる円卓会議の開催も可能だろう。つまり、文化財保護法９６条による規制に加えて、インセンティブを強化することが重要である。

# 都市計画と考古遺産の展望③

⑵次に、考古遺産が文化遺産である以上、基本的には「保存と活用」の方向で保護が図られるべきだろう。遺跡を生かすためには、遺跡もかつては人間の生活の場であったことを思い起こすことが有用である。埋蔵文化財としての遺跡の実際の活用例は都市公園化が多いが、より現代社会のニーズに合った活用を検討する余地もあるだろう。他方、文化財保護法の制定当初から維持されてきた「保護と利用ジレンマ」に近い問題意識も、場合によっては効果的である。例えば、複合遺跡のように、複数の時代の遺跡が何層にも重なっているといった貴重かつ繊細な遺跡は、可能なかぎりそのまま保護することも検討されるべきだろう。

⑶最後に、考古学の現場ではジグソーパズルにも例えられる発掘調査の成果を、より生かす方向での法制再構築の余地もある。この点に関しては、考古遺産法制よりもむしろ都市計画法制において、埋蔵文化財としての遺跡を都市計画に当初から組み込むあるいは遺跡を生かした都市再生といった、現代の都市戦略を効果的に支えるシステムが求められる。将来的には、都市計画法の中に明文規定を設けることが最も効果的だろう。

# 遺跡を１階部分に残すアパルトマン
（フランス・リモージュ市）①

## 遺跡を1階部分に残すアパルトマン（フランス・リモージュ市）②

## 遺跡を1階部分に残すアパルトマン（フランス・リモージュ市）③

## 遺跡を1階部分に残すアパルトマン（フランス・リモージュ市）④

- フランスでは、小規模な遺跡を1階部分にそのまま残すかたちでアパルトマンを建築する例が見られる。誰でも通り抜けが可能な1階部分は、誰にとっても身近な穴場の遺跡として、長く愛されている。遺跡自体はアパルトマンにすっぽりと覆われた状態のため、雨風にさらされることもなく、保存状態は非常に良い。

- まちづくりのような大規模活用のみならず、スポット的な小規模活用も併せて検討していくことが、考古遺産の持続可能性に資することに加えて、大規模な都市開発に伴う遺跡の大量破壊という過去を思い起こすことにつながるだろう。

# 参考文献

・久末弥生『考古学のための法律』日本評論社、２０１７年

・久末弥生「文化財と法律─フランス・リモージュ市に見る持続可能な文化財保護─」『明日への文化財』８０号、２０１９年（刊行予定）

# 初出一覧

**第1章**

1　書き下ろし

2　書き下ろし

3　書き下ろし

**第2章**

1　書き下ろし

2　書き下ろし

3　「文化財と法律——フランス・リモージュ市に見る持続可能な文化財
　保護——」『明日への文化財』第80号、文化財保存全国協議会、2019
　年

**第3章**

1　「アメリカの連邦災害対応と情報管理——国家安全保障法と災害法か
　らのアプローチ」『情報法制研究』第6号、情報法制学会、2019年

2　書き下ろし

**第4章**

1　書き下ろし

2　書き下ろし

3　書き下ろし

4　書き下ろし

**《資料1》**

1　書き下ろし

2　書き下ろし

3　書き下ろし

**《資料2》**

「遺跡と法律──ヨーロッパ都市に見る持続可能な遺跡保護」文化財保存新潟県協議会第19回大会『遺跡を活かしたまちづくり』基調講演（於・新潟市歴史博物館（みなとぴあ）、2018年12月22日）

＊本書の概要を紹介するポスタープレゼンテーションとして、2017年度文部科学省科学技術人材育成費補助事業「ダイバーシティ研究環境実現イニシアティブ（牽引型）」大阪市立大学「2019年度イノベーション交流フェア」中間総括シンポジウム／特設パネル展示：久末弥生「災害と文化財保護法制」（2020年3月16日、於・大阪市立大学）。

# 索　　引

**著者紹介**

久 末 弥 生（ひさすえ やよい）

1972年生まれ

早稲田大学法学部卒業

早稲田大学大学院法学研究科修士課程修了

北海道大学大学院法学研究科博士後期課程修了、博士（法学）

フランス国立リモージュ大学大学院法学研究科正規留学

アメリカ合衆国テネシー州ノックスビル市名誉市民

現在、大阪市立大学大学院都市経営研究科教授

　　　大阪市立大学商学部公共経営学科教授

**主要著書**

『アメリカの国立公園法──協働と紛争の一世紀』（北海道大学出版会、
　2011年）大阪市立大学学友会顕彰2011年度優秀テキスト賞受賞

『フランス公園法の系譜（OMUP ブックレット No.42）』（大阪公立大学
　共同出版会、2013年）

『現代型訴訟の諸相』（成文堂、2014年）

『クリエイティブ経済』［共訳］（ナカニシヤ出版、2014年）

『都市計画法の探検』（法律文化社、2016年）第25回国際公共経済学会
　学会賞受賞

『考古学のための法律』（日本評論社、2017年）

『都市行政の最先端──法学と政治学からの展望（都市経営研究叢書2）』
　［編著］（日本評論社、2019年）

『判例フォーカス行政法』［共著］（三省堂、2019年）

都市災害と文化財保護法制

2020年3月20日　初版第1刷発行

著　者　久　末　弥　生

発行者　阿　部　成　一

162-0041　東京都新宿区早稲田鶴巻町514

発行所　株式会社　成　文　堂

電話 03（3203）9201（代）　FAX 03（3203）9206

製版・印刷　藤原印刷　　　　　　　　　　製本　弘伸製本

©2020　Y. Hisasue　　　Printed in Japan

ISBN978-4-7923-0662-5　　C3032　　　検印省略

定価（本体2800円＋税）